Douceurs du Pays basque

GOURMANDISES DE LA MAISON PARIÈS

Douceurs du Pays basque

GOURMANDISES DE LA MAISON PARIÈS

TEXTE MARIE-CATHERINE DE LA ROCHE
PHOTOGRAPHIES DELPHINE CONSTANTINI
STYLISME NATACHA ARNOULT

Éditions
de La Martinière

2
Surveillance des Plages
Sauveteurs - Lifeguards

Balade gourmande en Pays basque...

Petites douceurs de tous les jours

Douceurs de chefs

À CALIFOURCHON SUR UNE FRONTIÈRE DONT IL N'A QUE FAIRE, ENTRE FRANCE ET ESPAGNE, MER ET MONTAGNE, SA LANGUE EST IMPÉNÉTRABLE POUR LE COMMUN DES MORTELS MAIS SA GASTRONOMIE PARLE À TOUT LE MONDE. À SA SEULE ÉVOCATION VIENNENT LES COULEURS ET LES SAVEURS D'UN ALPHABET GOURMAND OÙ LES *K* ET LES *O* S'ENTRECHOQUENT. ET LES PAPILLES SE METTENT À DANSER LE FANDANGO.

Le Pays basque est le fier et vert paradis de plaisirs dont lui seul détient le secret. Tout y raconte l'amour du produit vrai et le respect de savoir-faire transmis de génération en génération. Adossé à ses circuits courts, à la richesse et à la diversité de son terroir de cocagne, mais aussi terre ouverte sur le grand large, premier port d'attache du piment et des fèves de cacao venus des Amériques, son caractère culinaire passionné fait exulter le gastrolâtre en quête de mets à fort tempérament. Mais son garde-manger n'en a pas moins le goût des douceurs. Gâteau basque, macaron de Saint-Jean-de-Luz et Mouchou, chocolat et Kanouga... : le répertoire sucré de ce « coin de France, où l'on connaît d'avance les joies du paradis », comme le chante Luis Mariano, est l'héritage d'une tradition pâtissière et chocolatière séculaire. Une histoire qui se confond avec celle de la Maison Pariès. Depuis 1895, de mères en filles, on y célèbre les recettes du bonheur à la basquaise. De Jacques, l'arrière-arrière-grand-père inventeur du Kanouga, à Céline, aujourd'hui à la tête de la maison familiale, en passant par Robert, créateur du Mouchou, Françoise et son mari Alain – partis chercher les fèves de cacao à la source et bien décidés à faire de Socoa le nouvel eldorado de noisettes locales –, cette institution luzienne fait rayonner les gourmandises du Pays basque. À commencer par son célèbre gâteau basque.

PAGE CI-CONTRE
Dominant la baie de Saint-Jean-de-Luz, la colline de Sainte-Barbe offre un des plus beaux couchers de soleil sur la côte.

Le gâteau basque,

TOUTE UNE HISTOIRE !

« JE SUIS LA GALETTE, LA GALETTE.
JE SUIS FAITE AVEC LE BLÉ RAMASSÉ
DANS LE GRENIER. ON M'A MISE À REFROIDIR.
MAIS J'AI MIEUX AIMÉ COURIR.
ATTRAPE-MOI, SI TU PEUX… »

Cette comptine de *Roule Galette* pourrait bien être celle du gâteau basque. Au commencement était une galette réalisée par les maîtresses de maison avec ce qu'elles avaient sous la main – œufs, farine, beurre – et garnie, au gré des ressources du logis, de confiture, de crème… D'où son nom basque, *etxeko bixkotxa*, qui signifie littéralement « gâteau de la maison ». Mais cette galette dorée, à la fois moelleuse et croustillante, va échapper au cercle de famille. Elle connaît son premier succès avec Marianne Hirigoyen, qui, à partir de 1832, tient une pâtisserie à Cambo-les-Bains et vend tous les jeudis son *bixkotxa* sur le marché de Bayonne. Marianne le réussit si bien qu'on la surnomme bientôt « la Basquaise au gâteau ». Napoléon III lui-même et l'impératrice Eugénie, prenant leurs quartiers d'été à Biarritz et les eaux à Cambo, en deviendront, dit-on, accros…

Au début du XXe siècle, les deux petites-filles de Marianne, Élisabeth et Anne, lui succèdent et héritent de la recette grand-maternelle jalousement gardée. Le commerce de ce délice d'initiées roule tant et si bien qu'on les baptise à leur tour les « sœurs Bixkotx ». Et voilà notre galette qui reprend sa course. De village en bourgade, artisans boulangers et pâtissiers locaux se mettent à faire ce gâteau rond comme un soleil chatoyant, à la fois friable et fondant : l'appât du Pays basque. Chez les Pariès, on raconte que, venu à Paris pour séduire les parents de sa future épouse, Robert décida de leur confectionner cette merveille sans pareille.

PAGE CI-CONTRE
Face à Saint-Jean-de-Luz, passé la Nivelle, flâneries au gré des ruelles du centre historique de Ciboure, ville natale de Maurice Ravel.

3

Mais il dut se débrouiller avec les ingrédients du bord et... ce fut un ratage ! Heureusement, le mariage n'en fut pas compromis. Mais l'anecdote dit bien qu'un *etxeko bixkotxa* ne saurait se contenter de bric et de broc. Et si chaque maison y va de son petit truc à elle, de son secret transmis sous le manteau des fourneaux, les ingrédients de première qualité et le tour de main bien tempéré – la pâte n'est ni une pâte brisée, ni une pâte sablée – sont les clés de la réussite de cette béatitude basque. Une réussite qui – nonobstant les malheurs de Robert lors de sa visite de courtoisie à Paris – fera de la Maison Pariès un des fleurons de ce gâteau iconique. « Chez lui, ça tenait de la quête du Graal, se souvient Françoise. Chaque jour, il goûtait la pâte crue, puis s'attaquait à la pâte cuite, et finissait par manger plusieurs gâteaux sortant du four, qu'il notait de 0 à 10. Il faisait la même chose avec ceux de la concurrence. Et il ne fallait pas compter sur son indulgence ! » La recette, peaufinée à l'aune de ce perfectionnisme, est restée inchangée. Aujourd'hui, ce ne sont pas moins de 800 gâteaux basques, 1500 au plus fort de l'été, qui sortent quotidiennement des ateliers familiaux. Et, quotidiennement, des dizaines de boîtes orange lestées de leur précieux chargement partent pour la France entière, l'Espagne, les États-Unis, le Japon...

PAGE CI-CONTRE ET CI-DESSUS
Les falaises de flysch plissées, emblématiques de la Côte basque.
Et la boutique, inaugurée en 2019, du non moins emblématique village d'Espelette.

PAGES SUIVANTES
Le petit port de Socoa et ses battelekus, bateaux de pêche traditionnels aux coques colorées.

BA 217591
BA 685210
LAGUNEKIN
POTTOLO

"EXAITZA"
TXAKVRRENA

La crème des pâtisseries

IL EST UNE QUESTION QUI FAIT RAGE : LEQUEL, DU GÂTEAU BASQUE À LA CRÈME OU À LA CERISE NOIRE, A LA PRIMAUTÉ ? LA CONTROVERSE EST DÉLICIEUSE MAIS... INFONDÉE.

Lorsqu'il n'est encore que gâteau maison, la garniture échappe à toute règle. Laissant libre cours à son imagination, chaque cuisinière puise au placard à confitures – abricots, mûres, prunes, cerises... du jardin – et, deux siècles plus tard, le rebondit à l'envi d'une généreuse crème. C'est au fil du temps que, devenant gâteau de commerce, confiture de cerises noires et crème pâtissière enrichie d'amande et de rhum vont s'affirmer comme ses parfums phares. Dans les années 1940, le duo tient définitivement le haut des comptoirs. Le tourisme balnéaire est en plein essor, ce régal couleur locale connaît son âge d'or. Les vacanciers le réclament à la cerise, les locaux ont un faible pour celui à la crème. Qu'à cela ne tienne, ces deux standards deviennent son étendard. Mais que l'on soit partisan de l'un ou de l'autre, une chose est sûre, ce gâteau ne saurait se laisser enfermer dans le carcan d'une garniture originelle. Son cœur est historiquement libertaire. Renouant avec cet ADN, nombre de chefs, dont plusieurs ont mis la main à la pâte dans ces pages, n'hésitent pas aujourd'hui à faire preuve de créativité. Un retour aux sources, en quelque sorte.

C'est la démarche que Françoise Pariès et son mari Alain Girardot n'ont pas hésité à entreprendre. Avec eux, les grands classiques, à la crème et à la cerise, deviennent les pâtisseries premières de la Maison. Mais très vite, ils proposent toute une déclinaison de parfums et introduisent une autre pépite basque : le chocolat.

PAGE CI-CONTRE
Moment de complicité gourmande entre Céline et la plus jeune de ses filles, Rose.

Secrets de fabrication

POUR FAIRE UN BON GÂTEAU BASQUE, « IL FAUT DE L'AMOUR ET DE LA PATIENCE », CONFIE SILVIA, CHEFFE PÂTISSIÈRE CHEZ PARIÈS.

Le premier secret, c'est, bien sûr, le choix des ingrédients. Beurre d'appellation d'origine protégée (AOP), œufs fermiers, lait frais entier, vanille, amandes d'excellence, rhum ambré délicat…, la qualité est primordiale. Le second secret est de prendre son temps. Le gâteau basque déteste qu'on le brusque. La pâte doit reposer deux heures minimum au frais. Au moment de garnir de crème pâtissière, même chose, il faut que cette dernière ait eu le temps de bien refroidir, sinon on court à la catastrophe.

Enfin, une fois le gâteau enfourné, sans excès de température (environ 160 °C), mieux vaut surveiller le moment où la croûte dorée à point vous dit qu'il est temps d'arrêter la cuisson. Et, là encore, pas de précipitation dans la dégustation : laissons aux parfums le loisir de s'épanouir. Si le gâteau est à la crème, on peut s'en régaler le jour même ou le lendemain. S'il est à la confiture, il sera encore meilleur après un ou deux jours : la saveur des cerises noires aura eu le temps de se diffuser, de s'y fondre, tandis que la pâte restera délicieusement friable.

PAGE CI-CONTRE ET CI-DESSUS
La Grande Plage de Saint-Jean-de-Luz et un des hôtels historiques de sa promenade, un quatre étoiles tenu par la famille Garraialde.

PAGES SUIVANTES
Jadis ses corsaires prenaient la mer pour rapporter épices et fèves de cacao du Nouveau Monde, aujourd'hui la Côte basque est le paradis des surfers !

Saga chocolat

SI SON GÂTEAU EST DEVENU AUSSI CÉLÈBRE QUE SON BÉRET, LE PAYS BASQUE A ÉGALEMENT LA PASSION DU *TXOKOLATEA* (« CHOCOLAT », EN BASQUE).

Voici un béguin qui dure depuis quatre siècles ! Car c'est bel et bien à la ville de Bayonne que la France doit ses premiers émois pour la fée cabosse. En 1615, ayant fui l'Inquisition, des artisans juifs espagnols et portugais y ouvrent les premiers ateliers de transformation de la fève de cacao. Autre tournant, en 1728, Philippe V d'Espagne, bien décidé à faire chocolat pirates anglais et marchands hollandais trop gourmands à son goût, fonde la Real Compañía Guipuzcoana de Caracas et la confie aux bons soins… des corsaires basques. Cette royale compagnie a le monopole absolu de l'exploitation et du commerce de la précieuse pépite venue du Nouveau Monde. « Les fèves partaient du Venezuela et arrivaient dans le petit port de Pasaia, à quelques encablures de Saint-Jean-de-Luz. Durant près d'un demi-siècle, ce sera leur unique porte d'entrée en Europe », raconte le directeur général de la Maison Pariès. Dès lors, les chocolateries font florès au Pays basque. Au XIXe siècle, Bayonne en compte à elle seule trente et une, ce qui lui vaut le titre de « cité du chocolat ». C'est là que Jacques Damestoy entre en scène. Ou plutôt tombe du réverbère.

PAGE CI-CONTRE
Retour du *bean to bar* basque, les tablettes faites avec les fèves de cacao de la coopérative créée par Françoise et Alain à Madagascar.

Né en 1865 à Urcuit, fils d'agriculteur, « Cadet » de son petit nom, a contracté la typhoïde enfant et est de santé trop fragile pour travailler la terre. Le voilà donc allumeur de réverbères à Bayonne. Mais une mauvaise chute le fait atterrir devant chez madame Cazenave, célèbre chocolatière, qui porte les premiers secours au blessé inconscient et fait vœu, s'il s'en sort, de l'engager. Le lendemain, il est à pied d'œuvre. Faire des chocolats, il en rêvait. Doué, il gravit vite les échelons.

En 1895, il inaugure ses propres ateliers dans le quartier des Arènes : un bâtiment pour la chocolaterie, un pour la confiserie, un grilloir pour les fèves de cacao. Ses créations, dont le Kanouga, caramel tendre et fondant au chocolat, devenu incontournable des douceurs basques, font courir le Tout-Bayonne. Mais aussi Saint-Jean-de-Luz et Biarritz où, pour ses trois filles, il ouvre des boutiques. Catherine, l'aînée, tient celle – toujours là ! – de la rue Gambetta à Saint-Jean-de-Luz, inaugurée en 1914. Les ateliers de Bayonne y sont transférés. La maison prendra le nom d'épouse de Catherine : Pariès. C'est là, au côté du patriarche, que le petit Robert s'initie à son tour à l'art du chocolat et du Kanouga. Auquel il va adjoindre, après un apprentissage à Tolède, celui du touron.

Tout aussi inventif que son grand-père, « Robert avait un palais extraordinaire et une idée par jour », sourit sa petite-fille Céline. Il donne au Pays basque une nouvelle douceur : le Mouchou, un macaron à sa façon, tendre comme un bisou. Il est aussi l'orfèvre de nouvelles gloires de ce berceau du cacao, dont le Pariès, irrésistible ganache au café primée au Salon du chocolat en 2002. Sans oublier, bien sûr, l'hymen fusionnel des deux icônes basques que sont le gâteau et le chocolat. Aujourd'hui entré au répertoire des stars locales, ce Basque couleur cacao a lui aussi ses *aficionados*. Mieux, renouant avec le savoir-faire chocolatier de ses origines, Pariès prend la route de la fève...

CI-DESSUS
Diego, petit dégustateur expert de la qualité des friandises de la Maison Pariès.

PAGE CI-CONTRE
Escale quai de l'Infante à Saint-Jean-de-Luz où de fiers petits bateaux défendent une pêche consciente.

Robert disait : « Passé Bayonne, je sors mon passeport. » Il ne supportait pas de « s'exiler », ne serait-ce que quelques jours, au-delà des frontières de l'Adour et de l'Èbre, affirmant tout de go avoir le mal du pays ! Mais sa fille Françoise et son gendre Alain Girardot, auxquels il laisse les rênes de la Maison à la fin des années 1990, ont, eux, le goût du voyage. Un goût, nonobstant le casano-centrisme de Robert, qui a toujours poussé les *Euskal herritarrok* (habitants du Pays basque) à faire voile pour l'aventure. Avant même Christophe Colomb, hardis navigateurs et corsaires du Labourd – cette province dont la bande côtière s'étire de Bayonne à Hendaye en passant par Biarritz et Saint-Jean-de-Luz – hissaient pavillon pour partir explorer le monde. Le Nouveau Monde, pour Françoise et Alain, c'est Madagascar, au large de l'Afrique, qui embaume la vanille et les fèves de cacao parmi les meilleures. L'« île rouge » devient la destination de leurs vacances, leur île aux trésors et, au fil de vingt ans de rencontres et d'amitiés nouées, naît un formidable projet : refaire de Pariès une manufacture de chocolat à part entière, qui travaille les fèves de bout en bout comme aux premiers temps de l'atelier bayonnais de Cadet. Dorénavant, le chocolat, issu de fèves produites pour partie à Madagascar sous le contrôle de la Maison et transformées à Urrugne, entre dans la fabrication des glaces, Mouchou, gâteaux… et enrobe les bonbons de cette entreprise distinguée du titre de « patrimoine vivant ». Le *bean to bar* – le savoir-faire de la fève à la tablette – est de retour au Pays basque !

CI-CONTRE ET CI-DESSUS
Drapée de chocolat, une fine nougatine croustillante donne naissance aux Goxo, un des finger délices de la Maison.

PAGES SUIVANTES
À la manœuvre, Yves, chef chocolatier-confiseur de la Maison, en pleine création d'un nouveau bonbon.

MERVEILLEUX
AU CHOCOLAT ET AUX NOISETTES

POUR 6 PERSONNES
Préparation 45 min
Cuisson 2 h
Repos 1 h dans le four éteint

3 blancs d'œufs

1 pincée de sel

90 g de sucre en poudre

90 g de sucre glace

100 g de noisettes en poudre (torréfiées, de préférence)

100 g + 150 g de chocolat noir Belize ou noisettes du Piémont ou lait, au choix

20 cl de crème fleurette très froide

1/2 c. à café de vanille en poudre

Préchauffez le four à 90-100 °C (th. 3-4).

Montez les blancs en neige avec la pincée de sel. Versez le sucre en poudre en pluie sans cesser de fouetter. Continuez de fouetter pendant 5 min, puis ajoutez le sucre glace et les noisettes en poudre en une fois. Mélangez délicatement à l'aide d'une spatule souple pour obtenir une texture homogène, sans trop travailler la préparation.

Formez des disques de 5 cm de diamètre et 2 cm d'épaisseur environ sur une plaque recouverte d'un revêtement antiadhésif en silicone. Faites cuire 2 h la porte du four entrouverte, puis laissez sécher 1 h dans le four éteint.

Râpez 150 g de chocolat dans une assiette creuse à l'aide d'un économe et réservez dans un endroit frais, mais pas au réfrigérateur.

Hachez les 100 g de chocolat restants à l'aide d'un couteau et faites-les fondre doucement au bain-marie (l'eau ne doit pas bouillir). Laissez tiédir.

Montez la crème fleurette bien froide en chantilly ferme avec la vanille et incorporez délicatement le chocolat fondu à l'aide d'une spatule souple.

Assemblez les meringues 2 par 2 en garnissant le centre de crème au chocolat. Posez sur une planche et étalez de la crème sur le tour et le dessus des merveilleux. Enrobez de copeaux de chocolat et réservez au réfrigérateur jusqu'au moment de servir (1 heure ou 2, pas plus de préférence).

MOUSSE
À LA PÂTE À TARTINER

POUR 4 PERSONNES
Préparation 15 min
Pas de cuisson
Réfrigération 3 h minimum

60 g de chocolat noir

120 g de pâte à tartiner

4 œufs à température ambiante

1 pincée de sel fin

Cacao en poudre, pour servir (facultatif)

Faites fondre le chocolat et la pâte à tartiner au bain-marie. Mélangez pour homogénéiser la préparation et laissez tiédir hors du feu. Cassez les œufs en séparant le blanc du jaune. Ajoutez les jaunes d'œufs un à un à la préparation précédente en mélangeant bien.

Montez les blancs en neige pas trop ferme avec la pincée de sel, puis incorporez-les délicatement en 3 fois au mélange précédent. Répartissez dans 4 coupelles et placez au réfrigérateur pendant 3 h environ.

Saupoudrez d'un peu de cacao en poudre. Servez aussitôt.

DEPUIS 1895
PARIÈS
FANTAISIES ET GOURMANDISES BASQUES
DEPUIS 1895
PARIÈS
FANTAISIES ET GOURMANDISES BASQUES

Le piment de l'imagination

ARRIVÉ DU MEXIQUE AU XVIe SIÈCLE AVEC LE NAVIGATEUR JUAN SEBASTIÁN ELCANO, ET AUJOURD'HUI SEULE ÉPICE À BÉNÉFICIER D'UNE APPELLATION D'ORIGINE PROTÉGÉE (AOP) ET D'UNE APPELLATION D'ORIGINE CONTRÔLÉE (AOC) EN FRANCE, LE PIMENT D'ESPELETTE, OR ROUGE DU PAYS BASQUE, ENDIABLE SA CUISINE, AINSI QUE SES FRIANDISES.

Sous ses airs de dur, le piment d'Espelette est en fait le plus doux des piments… si on sait bien le prendre ! Chez Pariès, il infuse l'Egoa, un bonbon de chocolat alliant une ganache noire grand cru à des notes de noisette. Il donne de l'esprit aux Espelines, ces amandes torréfiées, caramélisées et donc relevées d'une pointe d'Espelette. Il prend langue avec les douces amandes Marcona, venues d'Espagne, dans un touron signature…

PETITES CRÈMES FONDANTES
AU CHOCOLAT ET AU PIMENT D'ESPELETTE

POUR 4 PERSONNES
Préparation 20 min
Cuisson 1 h 10 min
Réfrigération 4 h

125 g de chocolat noir au piment d'Espelette

50 cl de lait entier

80 g de sucre en poudre

1 œuf entier + 4 jaunes

Piment d'Espelette, pour servir

Hachez le chocolat. Portez le lait à ébullition. Ajoutez le chocolat et le sucre. Mélangez bien et portez à frémissement. Ôtez du feu et laissez refroidir.

Fouettez l'œuf entier et les 4 jaunes dans un grand bol. Versez le lait chocolaté doucement sans cesser de mélanger. Passez la préparation au chinois.

Préchauffez le four à 90 °C (th. 3), position « ventilation ». Versez la préparation dans 4 ramequins et faites cuire 1 h. Le centre des crèmes doit être encore tremblotant. Placez au réfrigérateur pendant 3 h minimum.

Saupoudrez d'une pincée de piment d'Espelette au moment de servir.

REMARQUE

Ces petites crèmes sont fortes en chocolat et se dégustent en petite quantité.

VARIANTE

Remplacez le chocolat au piment par du chocolat noir nature à 60 % de cacao et ajoutez 1 c. à café d'extrait de café liquide.

ROCHERS AU CHOCOLAT
ET AUX NOISETTES

POUR 30 ROCHERS ENVIRON
Préparation 30 min
Cuisson 5 min
Réfrigération 3 h

Praliné croustillant

- 110 g de noisettes torréfiées
- 30 g de crêpes dentelle
- 100 g de chocolat noir
- 100 g de praliné noisettes

Enrobage

- 50 g de noisettes torréfiées
- 200 g de chocolat noir

Préparez le praliné croustillant. Placez les noisettes torréfiées dans un blender et mixez pour obtenir une pâte de noisettes. Émiettez les crêpes dentelle. Hachez le chocolat et faites-le fondre au bain-marie. Mélangez la pâte de noisettes, le praliné et ajoutez le chocolat fondu. Mélangez bien. Ajoutez les crêpes dentelle. Filmez et faites prendre la préparation au réfrigérateur pendant 3 h.

Prélevez des noix de préparation et formez des boules un peu irrégulières. Posez-les sur une plaque et réservez au réfrigérateur.

Préparez l'enrobage. Hachez les noisettes pour obtenir des petits morceaux réguliers. Tempérez le chocolat : faites fondre les deux tiers du chocolat de couverture au bain-marie. Lorsqu'il est fondu, ajoutez le tiers restant hors du feu et mélangez bien à l'aide d'une spatule souple. Incorporez les noisettes hachées.

Trempez les boules de praliné dans le chocolat à l'aide de 2 fourchettes. Égouttez-les et déposez-les sur une plaque recouverte de papier sulfurisé. Faites prendre dans un endroit frais (idéalement entre 11 et 13 °C) ou dans la partie la moins froide du réfrigérateur.

MADELEINES
À LA PÂTE À TARTINER

POUR 30 MADELEINES ENVIRON
Préparation 25 min
Cuisson 12 min
Repos de la pâte 2 h

285 g de farine T 45 ou T 55 + 20 g pour les moules

1/2 sachet de levure

285 g de beurre à température ambiante + 30 g pour les moules

200 g de sucre en poudre

6 œufs entiers à température ambiante

1 c. à café d'extrait de vanille liquide

Garniture

100 g de pâte à tartiner

3 c. à soupe de crème liquide

Mélangez la farine et la levure. Travaillez le beurre en pommade. Ajoutez le sucre et fouettez pendant 3 min. Incoporez les œufs un par un, puis la vanille sans cesser de fouetter. Versez la farine et mélangez bien. Filmez et réservez 2 h au réfrigérateur.

Préparez la garniture. Délayez la pâte à tartiner avec la crème.

Beurrez et farinez des moules à madeleines. Tapotez pour ôter l'excédent de farine. Préchauffez le four à 210 °C (th. 7).

Déposez une noix de pâte à madeleines au fond de chaque alvéole. Creusez légèrement et déposez un peu de pâte à tartiner. Recouvrez de pâte en remplissant les alvéoles aux trois quarts. Enfournez, baissez la température à 190 °C (th. 6-7) et faites cuire 12 min environ. Laissez refroidir avant de démouler.

CONSEIL

Vous pouvez utiliser des moules en silicone pour démouler plus facilement les madeleines. Il est inutile de les beurrer. Remplissez dans ce cas les moules jusqu'à 0,5 cm du bord.

TOURBILLONS BRIOCHÉS
À LA PÂTE À TARTINER

POUR 12 ROULÉS
Préparation 45 min
Cuisson 20 min
Pousse 2 h + 12 h + 2 h

Brioche

- 10 cl de lait demi-écrémé
- 15 g de levure fraîche de boulanger
- 140 g de beurre doux à température ambiante
- 500 g de farine T 45
- 6 g de sel
- 70 g de sucre en poudre
- 4 œufs

Garniture

- 100 g de chocolat noir
- 12 cl de crème liquide
- 20 g de beurre doux
- 150 g de pâte à tartiner

Dorure

- 1 œuf
- 3 c. à soupe de lait demi-écrémé

Préparez la brioche. Faites tiédir le lait et délayez la levure dans le lait. Laissez reposer 10 min environ. Coupez le beurre en cubes. Rassemblez la farine, le sel, la levure délayée dans le lait, le sucre et les œufs dans le bol d'un robot pétrisseur muni du crochet. Pétrissez pendant 10 à 12 min. Ajoutez le beurre et continuez de pétrir pendant quelques minutes, jusqu'à ce que la pâte soit homogène. Ramenez en boule, saupoudrez de 10 g de farine et placez le bol dans un endroit chaud (environ 40 °C). Laissez pousser pendant 2 h (la pâte doit doubler de volume).

Préparez la garniture. Hachez le chocolat, faites chauffer la crème sur feu doux et versez-la sur le chocolat. Couvrez et laissez reposer 2 min, puis mélangez à l'aide d'une spatule souple. Ajoutez le beurre, mélangez, puis incorporez la pâte à tartiner. Laissez refroidir.

Dégazez la pâte : déposez-la sur un plan de travail et écrasez-la avec les paumes des mains. Étirez-la, puis retournez-la sur elle-même. Répétez l'opération 2 ou 3 fois, jusqu'à l'obtention d'une pâte bien souple. Couvrez-la au contact d'un film alimentaire. Placez-la au réfrigérateur pendant 12 h.

Garnissez 12 moules à tartelettes de papier sulfurisé et posez-les sur une plaque. Dégazez la pâte de nouveau, puis étalez-la en un rectangle de 60 x 40 cm. Étalez la garniture sur l'ensemble de la pâte, puis roulez-la dans la longueur. Coupez le boudin en 12 tranches égales et placez-les dans les moules. Laissez pousser 2 h dans un endroit tiède.

Préchauffez le four à 170 °C (th. 5-6).

Mélangez l'œuf et le lait et dorez les tourbillons au pinceau. Faites cuire 15 à 20 min, jusqu'à ce qu'ils soient dorés. Laissez tiédir avant de servir.

Mouchou,
l'autre chouchou

EN 1660, LE MACARON FAIT SON APPARITION À SAINT-JEAN-DE-LUZ EN RÉJOUISSANCE DES ÉPOUSAILLES DE LOUIS XIV ET DE MARIE-THÉRÈSE D'AUTRICHE, FILLE DU ROI D'ESPAGNE, CÉLÉBRÉES EN L'ÉGLISE SAINT-JEAN-BAPTISTE.

Fait exclusivement de blanc d'œuf, de sucre et d'amande (rien à voir avec les macarons parisiens au cœur de ganache), ce royal cadeau devient l'emblème de la cité corsaire. Descendant direct de ce macaron basque, le Mouchou de la Maison Pariès est, quant à lui, né d'une erreur. En 1948, un ouvrier de la pâtisserie un peu « festailleré » se trompe dans les proportions, mettant dans la préparation plus d'amande que de raison. Il cache la fournée ratée pour éviter les foudres de Robert Pariès, mais celui-ci découvre le forfait, goûte, et, petit miracle, constate que ces macarons dévoyés ont gagné en moelleux, en tendresse !

Il en peaufine la recette et les nomme Mouchou, francisation du *muxu* basque signifiant « bisou ». Pour cette douceur, le grand peintre luzien Ramiro Arrue dessine un univers qui se décline en écrin : un couple de gourmands croquant des Mouchou, surmonté de deux inséparables se bécotant. Le dessin orne toujours les boîtes de ces tentations basques dignes de Cupidon, dont seule la Maison Pariès a le secret. Elle en a même déposé le nom. Aujourd'hui, ces bons et tendres baisers du Pays basque se déclinent aussi à la pistache, à la noisette, au chocolat et au café. Ils gardent toute leur fraîcheur une semaine durant dans leur emballage ; et pour en faire durer le plaisir, le mieux est de les mettre au réfrigérateur et de les laisser revenir à la température ambiante avant d'y succomber.

CI-DESSUS
Union de deux coques au cœur tendre, les Mouchou, « bisous » en basque, sont une déclaration d'amour à la gourmandise.

PAGE CI-CONTRE
Créés en 1948 par Robert Pariès, les Mouchou sont nés d'une heureuse erreur, un excès d'amande douce qui s'est révélé le plus doux des secrets.

ETON MESS
AUX MOUCHOU

POUR 4 PERSONNES
Préparation 20 min
Cuisson 20 -30 min

600 g de fruits mélangés :
8 belles figues
et 4 prunes environ

30 g de beurre

1 c. à soupe de sucre
de canne blond

2 gousses de vanille
fendues en 2 et grattées

8 Mouchou à la pistache
ou aux amandes

20 cl de crème fleurette
très froide

100 g de groseilles,
pour décorer (facultatif)

Préchauffez le four à 170 °C (th. 5-6).

Rincez les figues et les prunes et coupez-les en 2. Dénoyautez les prunes. Placez les fruits sur une plaque recouverte de papier sulfurisé, parsemez de copeaux de beurre et de sucre de canne. Ajoutez les graines de l'une des 2 gousses de vanille. Faites cuire 15 min. Vérifiez la cuisson des figues et ôtez-les du four si elles sont cuites. Poursuivez la cuisson des prunes 10 min environ.

Coupez les Mouchou en morceaux. Montez la crème en chantilly ferme avec la vanille restante. Répartissez les fruits encore tièdes dans 4 assiettes à dessert, ajoutez les Mouchou et la crème. Décorez avec des groseilles.

VARIANTE

Adaptez les fruits selon les saisons. Aux beaux jours, remplacez les fruits cuits par 500 g de fraises et de framboises fraîches.

PETITS TIRAMISUS
BASQUES

POUR 4 PERSONNES
Préparation 30 min
Pas de cuisson
Réfrigération 3 h minimum

3 œufs

40 g de sucre en poudre

1 gousse de vanille fendue en 2 et grattée

125 g de mascarpone très froid

125 g de crème fleurette très froide

12 Mouchou aux amandes ou au café

10 cl de café fort froid

350 g de framboises fraîches

20 g de cacao en poudre, pour servir

Fouettez les œufs, le sucre et la vanille pendant 6 à 8 min, jusqu'à ce que le mélange triple de volume. Détendez le mascarpone avec une spatule souple, puis incorporez-le au mélange précédent délicatement. Fouettez la crème en chantilly souple et incorporez-la à la préparation.

Émiettez un Mouchou et demi au fond de chaque verre, arrosez d'un peu de café et recouvrez de framboises. Recouvrez de crème, puis d'un Mouchou et demi émietté, d'un peu de café, de framboises et enfin de crème. Faites prendre au réfrigérateur pendant 3 h minimum.

Au moment de servir, saupoudrez d'un léger voile de cacao en poudre.

Une entreprise du patrimoine vivant

AUTHENTICITÉ : VOILÀ BIEN LE B.A.-BA CULINAIRE BASQUE. ENRACINÉ DANS LES TRADITIONS DU TERROIR, FONDÉ SUR LES PRODUITS LOCAUX ET DE SAISON, IL NE LÉSINE PAS SUR LA QUALITÉ.

Les desserts et douceurs identitaires ont ici traversé les siècles. Et quand l'imagination survient, c'est pour de bon. Le bling n'est pas basque. La Maison Pariès, labellisée « Entreprise familiale centenaire » et « Entreprise du patrimoine vivant », porte haut le savoir-vivre et le savoir-faire basques depuis cinq générations. Créative, inventive dès ses origines, elle fait aujourd'hui souffler cet esprit de sincérité à Bayonne et à Biarritz, et de Saint-Jean-de-Luz à Paris, rayonnant jusqu'à Saint-Sébastien, Espelette et Bordeaux, où ses boutiques orange font la joie des gourmets. En 2009, la Maison Pariès a établi sa fabrique à Socoa, à 10 minutes par la route du centre de Saint-Jean-de-Luz, sur la rive gauche de la Nivelle. Y sont élaborés avec bonheur gâteaux, chocolats, friandises, glaces... Le lait cru provient de la ferme voisine, la farine d'un vieux moulin d'Ustaritz, le piment d'Espelette, les amandes Marcona de l'Espagne voisine, les œufs d'un petit producteur de Saint-Arroman, les fruits, toujours de saison, des alentours... Et, preuve que cette entreprise du patrimoine basque est bien vivante, elle est en train de recréer une filière « chocolat basque », dans la droite ligne des corsaires qui, au XVIIIe siècle, lui ouvrirent la voie. « Amoureux de Madagascar, voilà un moment que nous avions envie de recommencer à travailler nous-mêmes la fève de cacao, raconte Françoise. Cela a pris du temps, mais nous avons monté une coopérative en association avec

PAGE CI-CONTRE
À Biarritz, la boutique de la place Bellevue et son chariot de glaces et sorbets aux fruits de saison, autres spécialités maison.

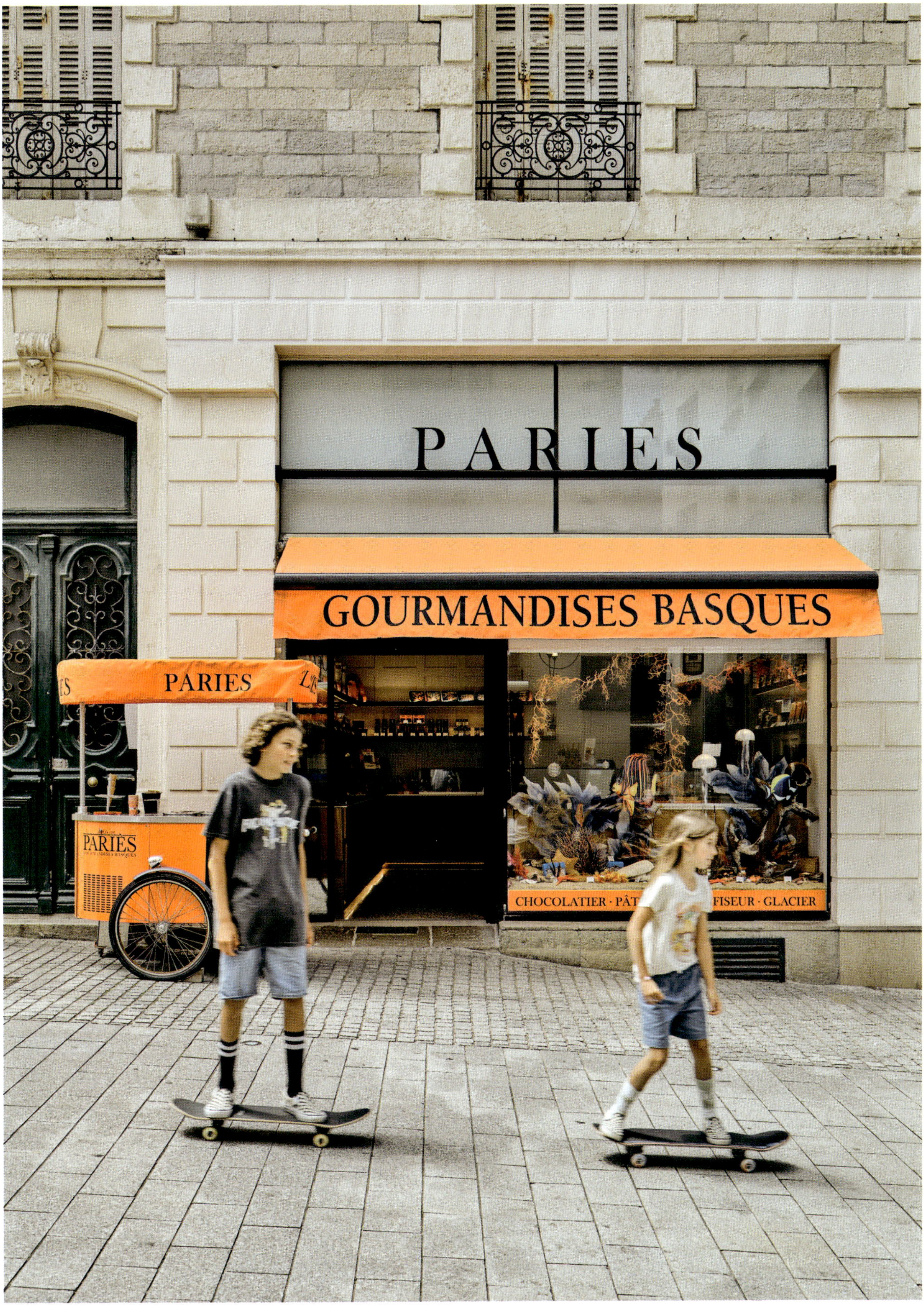
PARIES
GOURMANDISES BASQUES
PARIES
PARIES
CHOCOLATIER · PÂT
FISEUR · GLACIER

des petits planteurs locaux. Les cacaoyers se trouvent sur des îlets, en face de Nosy Be. Tout y est transporté à dos d'homme et sur des embarcations, il n'y a pas de voiture. Une fois récoltées, les fèves sont mises à fermenter, puis à sécher, avant de prendre la mer pour finalement rejoindre l'atelier de production de couverture de chocolat installé à Urrugne. » « Déjà quatre conteneurs ont fait le voyage », ajoute-t-elle, les yeux brillants de fierté. C'est cette même démarche qui a présidé à la plantation du verger de noisetiers à proximité. « De la qualité du produit dépend la qualité du résultat : c'est le mantra que nous a légué mon grand-père Robert Pariès qui, lui-même, l'avait hérité du sien, Jacques Damestoy », renchérit Céline, qui représente aujourd'hui cette maison de famille et de gourmandise.

PAGE CI-CONTRE
Irrésistibles noisettes torréfiées et sablées, les Avelines sont un délice d'initiés… qui se partage.

CI-DESSUS
À Urrugne, le rêve d'une plantation de noisetiers maison est devenu réalité grâce à Françoise et Alain.

Glaces
du Pays basque

ON LE SAIT PEU, MAIS PARIÈS, CE SONT AUSSI DES GLACES ! « MON PÈRE A ÉTÉ LE PREMIER, À SAINT-JEAN-DE-LUZ, À POSSÉDER UNE MACHINE ITALIENNE CARPIGIANI. LES GENS FAISAIENT LA QUEUE POUR DÉGUSTER SES GLACES AU KIRSCH ET AU GRAND MARNIER », SE REMÉMORE FRANÇOISE PARIÈS.

Aujourd'hui, les glaces à la pistache de Sicile, au café torréfié à Saint-Jean-de-Luz, au gâteau basque, au Mouchou, au chocolat issu des fèves préparées maison, à la vanille de Madagascar... font toujours frissonner de bonheur les connaisseurs. Pariès a même décroché, en 2019, la deuxième place au top 10 Gault&Millau des meilleures glaces à la vanille de France.

Pour réaliser ses sorbets aux fruits, la Maison ne travaille que les produits de saison, récoltés à pleine maturité chez des producteurs choisis. À goûter, pour qui aime le feu qui couve sous la glace (sans pourtant embraser le palais !) : le sorbet aux fraises-piment d'Espelette, à rougir de plaisir. Et pour l'été 2022, un paquito chocolat-noisette combinant les fruits des cacaoyers de Madagascar et des noisetiers d'Urrugne choyés par Françoise Pariès et son mari Alain Girardot.

GLACE AU LEMON CURD
ET AUX MOUCHOU

POUR 4 PERSONNES
Préparation 30 - 45 min
Cuisson 5 min

6 à 8 Mouchou
aux amandes

Lemon curd

600 g de citrons bio
ou non traités

20 g de fécule de maïs

120 g de sucre en poudre

30 g de beurre doux

Semifreddo

2 œufs entiers
+ 1 jaune d'œuf

1 gousse de vanille
fendue en 2 et grattée

50 g de sucre en poudre

25 cl de crème fleurette
très froide

Préparez le lemon curd. Râpez finement le zeste des citrons. Pressez les citrons et récupérez 20 cl de jus. Délayez la fécule de maïs dans 3 c. à soupe de jus de citron. Versez le jus de citron et le sucre en poudre dans une casserole. Ajoutez la fécule de maïs délayée dans le jus de citron et le zeste. Portez à ébullition sur feu doux sans cesser de mélanger. Passez au chinois, puis incorporez le beurre au fouet. Réservez dans un bocal en verre au réfrigérateur.

Préparez le semifreddo. Mélangez les œufs entiers et le jaune dans un cul-de-poule avec la vanille et le sucre. Placez au bain-marie et fouettez à l'aide d'un batteur électrique pendant 6-8 min. La préparation doit tripler de volume. Ôtez du bain-marie et laissez tiédir. Montez la crème en chantilly pas trop ferme et incorporez-la délicatement au mélange précédent.

Versez dans un bac à glace et placez au congélateur pendant 6 h minimum. Lorsque la glace commence à prendre, au bout de 2 ou 3 h, cassez les Mouchou en morceaux. Incorporez délicatement le lemon curd et les Mouchou au semifreddo. Replacez au congélateur jusqu'à ce que la glace soit prise.

VARIANTE

Vous pouvez remplacer le semifreddo par de la glace vanille Pariès (entre 1 et 1,5 l). Les Mouchou se remplacent également par des Goxo concassés.

ETXET
25

CHEESECAKE AU YAOURT DE BREBIS
ET À LA CONFITURE DE CERISES NOIRES

POUR 4 PERSONNES
Préparation 30 min
Cuisson 40 min
Réfrigération 6 h + 6 h

800 g de yaourt grec de brebis

1 c. à café rase de sel de mer

50 g de beurre

3 œufs

90 g de sucre semoule

1 gousse de vanille fendue en 2 et grattée

20 g de farine

80 g de noisettes torréfiées

1/2 pot de confiture de cerises noires

Pâte à gâteau basque

110 g de beurre doux, mou

90 g de sucre en poudre

1 petit œuf entier

2 petits jaunes d'œufs

150 g de farine

15 g de poudre d'amandes

1 pincée de sel

Préparez la pâte à gâteau basque. Placez le beurre et le sucre dans un saladier et mélangez. Ajoutez l'œuf et les jaunes, mélangez de nouveau. Incorporez ensuite la farine, la poudre d'amandes et le sel. Formez une boule, enveloppez-la de film alimentaire et réservez au réfrigérateur pendant 1 h.

Placez une étamine dans une passoire et mettez la passoire sur un grand bol. Mélangez le yaourt grec et le sel. Versez le yaourt dans l'étamine, couvrez et laissez égouttez 6 h au réfrigérateur.

Tapissez le fond d'un moule à charnière de 24 cm de diamètre de papier sulfurisé. Faites fondre le beurre sur feu très doux. Émiettez le sablé basque et ajoutez le beurre fondu. Pressez le mélange au fond du moule.

Préchauffez le four à 180 °C (th. 6). Pressez légèrement l'étamine pour extraire le maximum d'eau du yaourt grec. Transférez ce dernier dans un grand bol. Ajoutez les œufs, le sucre, la vanille et la farine. Mélangez bien à l'aide d'un fouet manuel. Versez dans le moule. Enfournez, baissez la température à 160 °C (th. 5-6) et faites cuire 35 à 40 min. Le centre du cheesecake doit rester tremblotant. Laissez tiédir dans le four éteint et entrouvert, puis placez au réfrigérateur pendant 6 h minimum.

Hachez les noisettes. Démoulez le cheesecake délicatement et posez-le sur une grande assiette plate. Couvrez-le de confiture de cerises noires et parsemez le tour de noisettes.

BANANES BANOFFEE
AUX GOXO

POUR 4 PERSONNES
Préparation 15 min
Cuisson 3 min

Caramel

8 Kanougas nature ou vanille

10 cl de crème liquide

Bananes banoffee

4 bananes

75 g de sucre de canne blond

1 citron vert

35 g de beurre demi-sel

2 c. à soupe de rhum ambré

Chantilly

20 cl de crème fleurette très froide

1 gousse de vanille fendue en 2 et grattée

6 Goxo pour servir

Préparez le caramel. Déballez les Kanougas et mettez-les dans une casserole avec la crème. Faites chauffer sur feu doux en mélangeant de temps en temps. Lorsque le mélange est homogène, ôtez du feu et laissez tiédir.

Montez la crème en chantilly très ferme avec la vanille, transférez dans une poche munie d'une douille cannelée et réservez au réfrigérateur.

Préparez les bananes banoffee. Épluchez les fruits et coupez-les en 2 dans la longueur. Faites caraméliser le sucre dans une poêle avec un filet de jus de citron vert et ajoutez le beurre. Mélangez, puis ajoutez les demi-bananes côté plat et faites-les dorer 2 min sur feu doux en les enrobant de caramel. Versez le rhum et flambez.

Déposez un peu de caramel au fond de 4 assiettes à dessert. Posez 2 demi-bananes par assiette, côté plat vers le haut, râpez un peu de zeste de citron vert et dressez la chantilly sur les bananes. Émiettez les Goxo et parsemez-en la chantilly. Servez aussitôt.

POIRES CONFITES
AU FOUR

POUR 4 PERSONNES
Préparation 20 min
Cuisson 45 min

- 4 poires
- 1 filet de jus de citron
- 20 g de beurre demi-sel
- 2 c. à soupe de sucre de canne blond
- 4 Goxo au chocolat noir

Préchauffez le four à 170 °C (th. 5-6).

Pelez les poires et coupez-les en 2. Arrosez-les d'un filet de jus de citron et placez-les dans une cocotte en fonte passant au four. Parsemez de noisettes de beurre et saupoudrez de sucre de canne blond.

Enfournez et faites cuire 40-45 min environ.

Émiettez les Goxo. Préparez 4 assiettes à dessert. Laissez tiédir les demi-poires, puis disposez-en 2 dans chaque assiette. Arrosez d'un peu de jus de cuisson et parsemez de Goxo émiettés.

LINZER TORTE
À LA CONFITURE DE CERISES NOIRES

POUR 6 PERSONNES ENVIRON
Préparation 45 min
Cuisson 45 min

- 1 pot de confiture de cerises noires
- 1 g d'agar-agar
- 190 g de beurre demi-sel
- 250 g de farine
- 1 pointe de couteau de levure chimique
- 50 g de noisettes torréfiées en poudre
- 40 g de sucre en poudre
- 4 jaunes d'œufs moyens à gros
- 1 gousse de vanille fendue en 2 et grattée

Mettez la confiture dans une casserole et faites chauffer. Ajoutez l'agar-agar, mélangez et donnez un bouillon. Laissez refroidir.

Coupez le beurre en cubes. Rassemblez la farine, la levure, les noisettes en poudre, le sucre, les jaunes d'œufs, le beurre et la vanille dans le bol d'un robot muni du crochet et mélangez pour amalgamer les ingrédients sans travailler la pâte.

Étalez les deux tiers de la pâte sur une feuille de papier sulfurisé. Foncez un moule à tarte. Versez la confiture de cerises et répartissez-la de façon uniforme dans le fond de tarte.

Étalez le reste de pâte sur une feuille de papier sulfurisé et découpez des bandes. Formez des croisillons sur la tarte et placez au congélateur pendant 30 min.

Préchauffez le four à 175 °C (th. 5-6).

Faites cuire 45 min environ, jusqu'à ce que la pâte soit dorée. La confiture va bouillir, elle ne doit toutefois pas trop déborder. Laissez refroidir avant de servir.

Tous gagas du Kanouga

EN 1905, JACQUES DAMESTOY OFFRE AU PAYS BASQUE L'UN DE SES EMBLÈMES GOURMANDS : LE KANOUGA.

Ce caramel tendre au palais, fondant à souhait, aux parfums puissants de chocolat, de café, de caramel au beurre salé ou de vanille, franchira l'Atlantique au point d'être sacré « meilleur caramel du monde » par le *New York Times* en 2000. La légende familiale rapporte que, cherchant un nom pour sa création, Jacques aurait fait tourner un globe terrestre et aurait posé le doigt au hasard sur la ville russe de Kalouga ; le nom ne lui plaisant qu'à moitié, il le transforma en Kanouga.

Mais, s'amuse Françoise Pariès, « je soupçonne mon arrière-grand-père d'avoir voulu faire de l'œil à l'aristocratie russe en villégiature sur la côte et qui défrayait alors les rubriques mondaines ». Toujours est-il que, depuis, le Kanouga a fait le tour de la planète et est devenu l'un des meilleurs émissaires du florilège des savoir-faire propres au Pays basque.

CHOCOLAT MOUCHOU KANOUGA
PARIÈS
GOURMANDISES BASQUES
GLACES
Nicolas Olano
Nicolas Olano Boutique

DEPUIS 1895
PARIÈS
GOURMANDISES BASQUES
DEPUIS 1895
PARIÈS
GOURMANDISES BASQUES

PANNA COTTA
AU CARAMEL

POUR 4 PERSONNES
Préparation – Cuisson 10 min
Réfrigération 4 h

4 g de gélatine (2 feuilles)

80 g de Kanougas (au café ou au chocolat)

50 cl de crème liquide

Sauce caramel, pour servir (voir recette bananes banoffee, page 76)

Faites tremper la gélatine dans de l'eau froide pendant 5 min.

Ôtez le papier des Kanougas. Faites chauffer la crème avec les Kanougas en mélangeant souvent jusqu'à ce que les bonbons soient fondus et sans laisser bouillir la crème (elle doit à peine frémir).

Ajoutez la gélatine hors du feu et mélangez. Répartissez dans 4 verrines et faites prendre au réfrigérateur pendant 4 h minimum. Servez avec un peu de sauce caramel.

LAIT CHAUD
AUX KANOUGAS

POUR 4 PERSONNES
Préparation – Cuisson
10 min

8 Kanougas nature, au café ou au chocolat

80 cl de lait entier

Ôtez les papiers des Kanougas. Faites chauffer le lait sur feu doux avec les caramels en mélangeant de temps en temps pour les faire fondre.

Versez dans des tasses ou des verres. Servez aussitôt.

VARIANTE

Fouettez 10 cl de crème fleurette froide en chantilly avec les graines d'une gousse de vanille et pochez-la sur chaque verre.

À la reconquête des noisettes

SI LE PETIT DERNIER DE LA FAMILLE DES GÂTEAUX BASQUES PARIÈS, NÉ EN 2015 POUR LES CENT VINGT ANS DE LA MAISON, A UN CŒUR DE NOISETTE, CE N'EST, UNE FOIS ENCORE, PAS LE FRUIT DU HASARD.

Depuis des temps immémoriaux, les noisetiers sauvages font partie du paysage basque. On les rencontre au bord des chemins, dans les haies vives tressées dites *zerralias*, ces clôtures naturelles que l'on voit croître entre Hendaye et Ciboure.

Les noisettes sont donc un ingrédient de choix pour la pâtisserie traditionnelle basque. Le touron n'est pas en reste, qui aime à se parer de leur saveur. Ayant joué à saute-Pyrénées au XVIe siècle, perdant au passage son double *r* espagnol et gagnant un *o* tout en rondeur, ce morceau de bravoure devenu basque s'est lui aussi taillé une réputation hors pair. À base de pâte d'amandes fondante dorée au jaune d'œuf, le touron est cuit au four et s'agrémente de mille et un parfums, des plus classiques, telle la noisette, aux plus inattendus, comme le piment d'Espelette. Depuis 1930, ce touron délicieusement facétieux fait partie, grâce au savoir-faire acquis par Robert Pariès à Tolède, des friandises emblématiques de la Maison. Il peut même afficher crânement les trois couleurs du drapeau basque !

PAGE CI-CONTRE
Fruit d'une passion éco-engagée, aujourd'hui 4 000 noisetiers ont pris racine à l'orée du village familial.

Mais revenons à nos noisettes... Elles méritaient bien une galette : au gâteau basque leurs éclats torréfiés et finement concassés apportent une petite touche croquante... qui en fait craquer plus d'un ! Même les défenseurs de la cerise noire et de la crème s'y laissent prendre. Comme au plaisir des Avellines, ces petites noisettes caramélisées et sablées qui ont le don d'être addictives. Et si, faute de vrais vergers – on ne glane pas 20 tonnes de noisettes au fil des chemins –, Pariès était

obligé de chercher les siennes dans le Piémont, elles seront bientôt 100 % locales. La vague verte des 4 000 noisetiers plantés par Françoise et Alain ondoie aujourd'hui à l'orée de l'atelier de torréfaction des fèves de cacao, avec le pic de la Rhune pour horizon. « Ici, le sol argileux est similaire dans sa composition à celui des plantations transalpines, explique Alain. Le relief, la pluviométrie... tout était réuni. On s'est dit : pourquoi ne pas essayer ? Nous avons planté des Segorbe, des Corabel, des Pawetet, des Merveilles de Bollwiller et des Ennis pour leurs qualités aromatiques et gustatives, mais aussi parce que ces variétés ont un rôle complémentaire de pollinisatrices et de productrices. » La première grosse récolte est attendue cette année. Qui sait, peut-être ces noisettes auront-elles un jour leur indication géographique protégée (IGP) ?
Depuis 2000, Céline Pariès, la fille aînée de Françoise, a donc rejoint l'aventure familiale. Des études de comptabilité et de finances auraient pu lui faire prendre une autre direction, mais le Pays basque et ses douceurs ont des charmes bien trop puissants, de ceux qui vous font revenir en enfance : « J'ai baigné dans cet univers toute ma vie. C'était pour moi une évidence. Chocolat, Kanouga, Mouchou, gâteau basque... font partie de mon patrimoine génétique, de ce que je suis. »
La voilà aujourd'hui, cinquième du nom, à écrire une nouvelle page de l'histoire de cette Maison basque : « Privilégier les filières locales encore et encore, innover tout en puisant au savoir-faire artisanal et plus que centenaire de la Maison pour imaginer de nouvelles gourmandises. C'est ce qui animait mon grand-père, mes parents, et m'anime aujourd'hui. Quitte, parfois, dit-elle, l'œil pétillant de malice, à bousculer un peu. Certains diront que le gâteau basque à la noisette comme celui au chocolat sont sacrilèges, mais depuis Jacques et ses Kanougas, la Maison n'a jamais cessé de créer. Être fidèle à nos traditions n'interdit pas d'avoir de l'imagination ! »
Et, c'est certain, le feuilleton du gâteau des sœurs Bixkotx n'en est pas à son dernier rebondissement. La preuve, il donne des idées aux chefs. Des idées, dont ce livre à cœur et recettes ouverts se fait le délicieux explorateur. Sans jamais oublier le bréviaire basque d'un locavorisme aussi singulier que sa langue. « Un Basque n'est ni Français, ni Espagnol ; il est basque et c'est tout », disait Victor Hugo. Il en va de même des douceurs de ce pays, elles sont basques, c'est tout. *Gozamen hutsa** !

PAGE CI-CONTRE
La petite route menant à travers bois au verger de noisetiers et à l'atelier de transformation des fèves de cacao et noisettes maison.

* « Le bonheur ! » en basque.

CI-DESSUS
Première récolte et sourire d'Alain qui voit l'aboutissement du projet, un peu fou, de faire des noisettes basques une culture autonome.

PAGE CI-CONTRE
Petite tournée d'inspection et grappille de Céline pour vérifier si les noisettes seront bien au rendez-vous de la fin août.

PAGE CI-CONTRE
Les Espelines, craquantes amandes caramélisées, relevées d'une pointe de piment d'Espelette.

CI-DESSUS
La fabrication des Espelines sous l'œil avisé de Didier, chocolatier-confiseur de la Maison depuis vingt-cinq ans.

GRAND FINANCIER
AUX NOISETTES ET AUX FRAMBOISES

POUR 6-8 PERSONNES
Préparation 15 min
Cuisson 45 min

400 g de beurre demi-sel

8 blancs d'œufs

160 g de noisettes torréfiées en poudre

280 g de sucre glace

120 g de farine

250 g de framboises fraîches

Préchauffez le four à 180 °C (th. 6). Tapissez un moule rectangulaire de 20 x 30 x 3,5 cm de papier sulfurisé.

Faites fondre le beurre dans une casserole sur feu doux et laissez cuire doucement pour obtenir un beurre noisette. Le beurre ne doit pas brûler, il doit dorer et dégager une odeur de noisettes. Ôtez du feu et laissez tiédir.

Fouettez légèrement les blancs d'œufs à la fourchette.

Mélangez la noisettes en poudre, le sucre glace et la farine, puis incorporez les blancs d'œufs. Ajoutez le beurre noisette en mélangeant. Versez la préparation dans le moule et parsemez de framboises.

Faites cuire 40 à 45 min jusqu'à ce que le financier soit doré. Sortez du four et laissez refroidir.

Dégustez avec quelques framboises fraîches ou nature et un café.

SABRE
PARIS

GÂTEAU AUX POMMES
ET AUX NOISETTES

POUR 4-6 PERSONNES
Préparation 15 min
Cuisson 45 min

125 g de beurre demi-sel + 10 g pour le moule

2 belles pommes bio (Golden, Pink Lady, Reine des reinettes...)

150 g de farine

1/2 sachet de levure chimique

120 g de noisettes torréfiées en poudre

150 g de sucre de canne blond

125 g de yaourt grec ou de fromage blanc de brebis

3 œufs

Préchauffez le four à 180 °C (th. 6). Beurrez un moule à manqué à charnières.

Faites fondre le beurre sur feu doux. Réservez. Rincez les pommes, coupez-les en 2, épépinez-les, puis détaillez-les en lamelles.

Mélangez la farine, la levure, les noisettes en poudre et le sucre de canne blond. Incorporez le yaourt et les œufs à l'aide d'un fouet manuel. Versez le tout sur les ingrédients secs et mélangez rapidement sans trop travailler la pâte. Versez la préparation dans le moule et disposez dessus les lamelles de pommes en rosace en les serrant bien.

Faites cuire 45 min. Vérifiez la cuisson avec la pointe d'un couteau. Laissez refroidir avant de démouler.

TARTE PAYSANNE,
PÂTE SABLÉE AUX NOISETTES

POUR 6 PERSONNES ENVIRON
Préparation 30 min
Cuisson 40 min

- 140 g de beurre demi-sel à température ambiante
- 90 g de sucre glace
- 1 gousse de vanille fendue en 2 et grattée
- 1 gros œuf à température ambiante
- 250 g de farine + 20 g pour le plan de travail
- 50 g de noisettes torréfiées en poudre
- 4 pommes ou 4 poires ou 5 pêches ou un mélange de fruits de saison
- 1 c. à soupe de cassonade
- 125 g de fraises

Travaillez le beurre en pommade. Ajoutez le sucre glace et la vanille. Fouettez. Incorporez l'œuf. Ajoutez la farine et les noisettes en poudre. Mélangez rapidement sans trop travailler la préparation et formez une boule. Filmez et placez au réfrigérateur pendant 3 h minimum.

Pelez les fruits, épépinez-les et coupez-les en lamelles.

Farinez légèrement le plan de travail et étalez la pâte en un disque de 28-30 cm de diamètre environ et déposez-le sur une plaque recouverte de papier sulfurisé. Disposez les lamelles de fruits en rosace en laissant 5-7 cm de marge sur les bords. Saupoudrez de cassonade et repliez les bords sur la pâte. Placez au réfrigérateur pendant 30 min environ.

Préchauffez le four à 180 °C (th. 6). Faites cuire la tarte pendant 35-40 min, jusqu'à ce qu'elle soit dorée. Ôtez du four et laissez tiédir. Parsemez de fraises coupées en morceaux au moment de servir.

CI-DESSUS
Vue plongeante sur le Bellevue, premier casino de Biarritz construit en 1858. Au cœur de la vie mondaine de la Côte basque, la jet set Belle Époque s'y régalait déjà des Kanougas de Jacques, fondateur de la Maison.

GALETTE DES ROIS,
FRANGIPANE AUX NOISETTES ET CONFIT DE CITRON

POUR 6 PERSONNES ENVIRON
Préparation 1 h
Cuisson 1 h 40 min

500 g de pâte feuilletée (achetée de préférence chez le boulanger)

Confit d'agrumes

1 citron jaune bio ou non traité

1 orange bio ou non traitée

70 g de sucre en poudre

Crème pâtissière

12,5 cl de lait entier

1/2 gousse de vanille fendue et grattée

1 jaune d'œuf

15 g de sucre en poudre

10 g de fécule de maïs

10 g de beurre doux

Crème aux noisettes

75 g de beurre à température ambiante

75 g de noisettes torréfiées en poudre

60 g de sucre glace

7 g de fécule de maïs

1 petit œuf

Dorure

1 œuf

3 c. à soupe de lait

Préparez le confit d'agrumes. Prélevez le zeste du citron et de l'orange à l'aide d'un économe. À l'aide d'un couteau bien aiguisé, ôtez le ziste (partie blanche sous la partie colorée, amère), puis émincez les zestes. Portez une petite casserole d'eau à ébullition et plongez-y les zestes pendant 30 sec. Égouttez et renouvelez l'opération 2 fois pour ôter l'amertume des zestes. Pressez l'orange et le citron et récupérez 12,5 cl de jus. Versez-le dans la casserole et ajoutez le sucre. Faites confire sur feu doux pendant 45 min à demi-couvert. Laissez tiédir, puis mixez. Réservez.

Préparez la crème pâtissière. Faites chauffer le lait et la gousse de vanille sur feu doux. Pendant ce temps, fouettez le jaune d'œuf et le sucre. Ajoutez la fécule de maïs, puis le lait bien chaud après avoir retiré la gousse de vanille. Mélangez, puis versez la crème dans la casserole et portez à ébullition sur feu doux en fouettant. Faites cuire 3 min sans cesser de mélanger. Ôtez du feu, laissez tiédir, puis incorporez le beurre. Débarrassez, filmez au contact et placez au réfrigérateur pendant 2 ou 3 h.

• • •

• • •

Préparez la crème aux noisettes. Dans un saladier, travaillez le beurre en pommade. Ajoutez les noisettes en poudre, le sucre glace et la fécule de maïs. Mélangez, puis incorporez l'œuf. Filmez et placez au réfrigérateur pendant 2 h environ.

Sortez la crème pâtissière et la crème aux noisettes du réfrigérateur. Mélangez 100 g de crème pâtissière et la crème aux noisettes pour obtenir une frangipane.

Abaissez la pâte feuilletée et détaillez 2 disques : 1 de 23 cm de diamètre et 1 de 25 cm de diamètre. Placez le disque de 23 cm sur la plaque du four recouverte de papier sulfurisé ou d'un revêtement antiadhésif en silicone.

Étalez la moitié de la frangipane en laissant 1,5 cm sur les bords. Étalez une fine couche de confit d'agrumes, puis recouvrez du reste de frangipane. Placez une fève. Humectez les bords à l'aide un pinceau. Recouvrez du disque de pâte feuilletée de 25 cm et retaillez les bords pour obtenir un disque parfait. Dessinez des motifs au couteau sur le dessus de la galette. Pour dorer, mélangez l'œuf et le lait, puis badigeonnez la galette de ce mélange à l'aide d'un pinceau. Conservez au réfrigérateur pendant 30 min minimum.

Préchauffez le four à 200 °C (th. 6-7).

Faites cuire 15 min, puis baissez la température à 170 °C (th. 5-6) et poursuivez la cuisson 20 à 30 min.

PAGE CI-CONTRE
La Rhune offre un panorama magique sur le Pays basque. On peut atteindre son sommet en empruntant un petit train.

CI-DESSUS
Les passerelles de Saint-Jean-de-Luz, traits d'union entre les maisons de la promenade et la jetée.

PAGES SUIVANTES
La pointe Saint-Martin et le phare de Biarritz.

BRIOCHE AUX AVELLINES

POUR 1 BRIOCHE TRESSÉE
Préparation 30 min
Cuisson 30 min
Pousse 2 h + 12 h + 2 h

7 cl de lait demi-écrémé

11 g de levure fraîche de boulanger

150 g de beurre doux à température ambiante

350 g de farine T 45 + 10 g

4 g de sel

50 g de sucre semoule

4 œufs

130 g d'Avellines

Dorure

1 œuf

3 c. à soupe de lait demi-écrémé

Faites tiédir le lait et délayez la levure dans le lait. Laissez reposer 10 min environ. Coupez le beurre en cubes.

Rassemblez la farine, le sel, la levure délayée dans le lait, le sucre et les œufs dans le bol d'un robot pétrisseur muni d'un crochet. Pétrissez pendant 10 à 12 min. Ajoutez le beurre et continuez de pétrir pendant quelques minutes, jusqu'à ce que la pâte soit homogène. Ramenez en boule, saupoudrez de 10 g de farine et placez le bol dans un endroit chaud (environ 40 °C). Laissez pousser pendant 2 h (la pâte doit doubler de volume).

Dégazez la pâte : déposez-la sur un plan de travail et écrasez-la avec les paumes des mains. Étirez-la, puis retournez-la sur elle-même. Répétez l'opération 2 ou 3 fois, jusqu'à l'obtention d'une pâte bien souple. Couvrez-la au contact d'un film alimentaire. Placez-la au réfrigérateur 12 h.

Concassez les Avellines. Dégazez la pâte de nouveau, ajoutez les Avellines, puis divisez-la en 3 pâtons de poids identique. Roulez chaque pâton en boudin. Assemblez les boudins à une extrémité, puis tressez-les. Faites pousser sur une plaque recouverte de papier sulfurisé ou d'un revêtement anti-adhésif en silicone pendant 2 h dans un endroit tiède.

Préchauffez le four à 170 °C (th. 5-6).

Préparez la dorure. Mélangez l'œuf et le lait. Dorez-en la brioche à l'aide d'un pinceau. Faites cuire 30 min, jusqu'à ce que la brioche soit dorée. Laissez tiédir.

Conservez-la dans un torchon propre.

VARIANTE

Remplacez les Avellines par des Espelines.

TUILES AUX ESPELINES

POUR 20 TUILES ENVIRON
Préparation 20 min
Cuisson 15 min

250 g d'Espelines
50 g de beurre doux
90 g de sucre en poudre
30 g de farine
4 blancs d'œufs moyens

Hachez les Espelines. Faites fondre le beurre sur feu doux. Mélangez les Espelines hachées, le sucre et la farine dans un grand bol. Ajoutez les blancs d'œufs, puis le beurre fondu. Mélangez bien.

Préchauffez le four à 170 °C (th. 5-6).

Prélevez des cuillerées de pâte et déposez-les sur une plaque recouverte de papier sulfurisé ou d'un revêtement anti-adhésif en silicone en les espaçant bien et en les étalant le plus finement possible pour former des disques.

Faites cuire 12 à 15 min, jusqu'à ce que les tuiles soient dorées de façon uniforme. Laissez-les refroidir.

COOKIES AUX ESPELINES
ET AU CHOCOLAT NOIR

POUR 30 COOKIES ENVIRON
Préparation 30 min
Cuisson 15 min
Réfrigération 3 h

- 160 g de chocolat noir
- 125 g d'Espelines
- 250 g de beurre demi-sel à température ambiante
- 90 g de sucre de canne blond
- 1 gros œuf
- 325 g de farine
- Piment d'Espelette
- Fleur de sel (facultatif)

Hachez le chocolat grossièrement pour obtenir des pépites. Concassez les Espelines.

Travaillez le beurre en pommade, ajoutez le sucre et mélangez au batteur électrique pendant 3 min. Ajoutez l'œuf et mélangez. Incorporez la farine sans trop travailler la pâte, puis le chocolat et les Espelines.

Coupez la pâte en 2 parties égales et formez 2 boudins. Enveloppez-les de film alimentaire et gardez au réfrigérateur pendant 2 h environ.

Ôtez le film alimentaire et découpez les boudins en tranches de 1 cm d'épaisseur. Rangez ces dernières sur des plaques recouvertes de papier sulfurisé en les espaçant de quelques centimètres. Gardez au réfrigérateur de 30 min à 1 h.

Préchauffez le four à 180 °C (th. 6), saupoudrez d'un soupçon de piment d'Espelette et de fleur de sel. Enfournez de 12 à 15 min. Laissez refroidir sur une grille.

Les cookies se conservent 3 ou 4 jours dans une boîte fermant hermétiquement.

VARIANTE

Diminuez la quantité de chocolat (120 g) et augmentez la quantité d'Espelines (150 g) si vous souhaitez faire ressortir la saveur délicate de ces dernières. Vous pouvez aussi supprimer la fleur de sel.

Touron,
un amour de tendresse

VIVRE SANS SA TENDRESSE, LE PAYS BASQUE NE LE POURRAIT PAS… LE TOURON, RÊVE D'ORIENT, VA DEVENIR L'UNE DES PLUS ENJÔLEUSES DOUCEURS LOCALES.

La toute première mention de ce « nougat blanc » apparaît dans un livre de cuisine du Xe siècle à Bagdad. Dans le sillage des Maures, il va partir à la conquête du bassin méditerranéen pour faire, au XIVe siècle, d'Alicante et de Jijona ses bastions espagnols. Il lui faudra encore deux siècles pour franchir les Pyrénées et être naturalisé basque. De *turrón* il devient alors touron. Ce sont les versions originaires de Jijona et de Catalogne (où il est appelé *mazapán*) qui vont inspirer et faire fondre les Basques, ceux-ci trouvant la version d'Alicante un peu trop dure à leur goût et à leurs dents…Toujours est-il que, touron ou massepain, l'important c'est l'amande : la petite et douce Marcona. Finement moulue, juste alliée au blanc d'œuf et au sucre de canne, elle est l'ingrédient majuscule de ces délices d'initié. Car initié, il faut l'être.

Seuls le savoir-faire, l'œil et le toucher expert d'un *maestro turronero* permettent d'obtenir de ce simple trio un morceau de bravoure à l'exécution, la consistance et la saveur parfaites. Aussi, dans les années 1930, le jeune Robert Pariès n'hésitera pas à faire son paquetage et à partir en apprentissage chez un grand maître de Tolède dont il suivra les cours durant des mois. Depuis, cette science occulte fait partie des arcanes de la Maison Pariès et le touron en est devenu un des totems gourmands. D'autant que, bonne pâte, il se plie à toutes les fantaisies. En plaque, à la découpe ou en petites bouchées, la palette surprise de ses couleurs et de ses parfums est un délicieux dilemme. Au piment d'Espelette, à la pistache, au chocolat, au gingembre, à la noisette, à la cerise… : ici, on n'en à jamais fini de faire le tour du touron !

POMMES EN CAGE

POUR 4 PERSONNES
Préparation 35 min
Cuisson 30 min
Réfrigération 1h + 30 min

200 g de farine

1 pincée de sel fin

1 c. à soupe de sucre en poudre

50 g de beurre doux

1 œuf entier + 1 jaune

5 à 10 cl d'eau

1/2 citron

4 pommes moyennes qui se tiennent à la cuisson

Garniture

60 g de touron *mazapán* ou nature

15 g de beurre doux

1 c. à soupe de poudre d'amandes

Mélangez la farine, le sel et le sucre. Ajoutez le beurre et sablez le mélange. Battez l'œuf entier à la fourchette et incorporez-le à la préparation. Mélangez pour amalgamer la pâte en ajoutant un peu d'eau si nécessaire. La pâte doit être souple et non collante. Formez une boule, enveloppez-la de film alimentaire et faites reposer au réfrigérateur pendant 1 h.

Pendant ce temps, préparez la garniture. Malaxez le touron pour l'assouplir, ajoutez le beurre et la poudre d'amandes.

Pressez le 1/2 citron. Pelez et évidez les pommes. Arrosez-les d'un peu de jus de citron. Garnissez-les de mélange au touron. Délayez le jaune d'œuf dans 1 c. à soupe d'eau. Abaissez la pâte finement, puis coupez-la en 4 rectangles. Enveloppez chaque pomme dans un rectangle de pâte et soudez les bords avec un peu de jaune d'œuf. Placez au réfrigérateur pendant 30 min environ.

Préchauffez le four à 210 °C (th. 7).

Enfournez et baissez la température à 190 °C (th. 6-7). Faites cuire 20 à 30 min, jusqu'à ce que la pâte soit dorée et les pommes fondantes.

CAKE AUX PISTACHES

POUR 1 CAKE (6 PERSONNES ENVIRON)
Préparation 20 min
Cuisson 40 min

- 130 g de farine
- 1/2 sachet de levure chimique
- 1 petit citron bio ou non traité
- 100 g de beurre doux + 20 g pour le moule
- 180 g de touron à la pistache
- 3 œufs
- 90 g de sucre glace

Beurrez un moule à cake et tapissez-le de papier sulfurisé.

Mélangez la farine et la levure. Rincez et séchez le citron, râpez finement le zeste et pressez le fruit pour récolter le jus. Faites fondre le beurre sur feu doux. Réservez.

Coupez le touron en morceaux et travaillez-le à l'aide d'une cuillère en bois pour l'assouplir. Vous pouvez aussi le malaxer avec les mains.

Placez-le dans un cul-de-poule et mélangez au fouet électrique en incorporant les œufs un à un en mélangeant bien entre chaque ajout. Vous devez obtenir une texture lisse, uniforme et mousseuse.

Ajoutez le sucre glace, mélangez, puis incorporez la farine, le jus et le zeste du citron et enfin le beurre fondu.

Préchauffez le four à 180 °C (th. 6).

Versez la préparation dans le moule à cake et enfournez 40 min. Vérifiez la cuisson avec la pointe d'un couteau. Elle soit ressortir sèche. Laissez refroidir, puis démoulez.

VARIANTE

Remplacez le touron aux pistaches par du touron orange et le citron par une orange.

Douceurs de chefs

QUI Y EST NÉ, A GOÛTÉ À SES BONHEURS, Y REVIENT TOUJOURS. CHALEUREUX, GÉNÉREUX, FIDÈLE À SON ART DE VIVRE, LE PAYS BASQUE EST UNE BOUSSOLE GASTRONOMIQUE DONT L'AIMANT VOUS RAMÈNE TOUJOURS À SES SAVEURS. CHEZ LES CHEFS, CET AMOUR SE DIT DANS L'ASSIETTE, TÉMOIGNAGE D'UN ATTACHEMENT PROFOND À CE VERT PARADIS, TERRE D'ABONDANCE ET DE TABLÉES DE PARTAGE.

Gâteaux basques et libre expression autour des spécialités de la Maison Pariès : deux toques au firmament et quatre chefs étoilés ont composé un hymne gourmand à ce pays dont ils ont la passion chevillée au cœur. Tous ont joué le jeu avec joie et amitié. De Hélène Darroze, issue d'une constellation de quatre générations de cuisiniers basques et landais dont l'accent chantant ne trompe pas et que chaque été ramène en vacances à Biarritz, à Michel Guérard, qui depuis un demi-siècle fait la gloire d'Eugénie-les-Bains et ne rate pas une occasion de se régaler des Mouchou de la Maison Pariès. De Patrice Ibarboure, pâtissier Meilleur Ouvrier de France qui tient table avec son frère à Bidart, à Fabrice Idiart, ex-maestro de la Réserve de Saint-Jean-de-Luz désormais maître du Moulin d'Alotz. En passant par Vivien Durand magicien du château du Prince Noir à Lormont, prix Lovenivore du Festival Omnivore 2021, et Guillaume Roget, avec son chef pâtissier Maxime Badeuil, dont l'Ekaitza fait chalouper les papilles sur le quai Ravel de Ciboure. Preuve par six que jusque dans ses desserts, le Pays basque, pays prodigue, est un visa pour la *bizitza gozoa*, la *dolce vità* version basque.

HÉLÈNE DARROZE
Cheffe des restaurants Marsan et Jòia à Paris,
et The Connaught à Londres

GÂTEAU BASQUE

POUR 6 PERSONNES
Préparation 40 min
Cuisson 50 min

Pâte

- 8 jaunes d'œufs
- 300 g de cassonade
- 290 g de beurre pommade
- 1 sachet de levure chimique
- 2 zestes de citrons râpés finement
- 10 g de fleur de sel
- 440 g de farine T55

Crème

- 52 cl de lait entier
- 12 g de thé Earl Grey en feuilles
- 2 jaunes d'œufs + 1 jaune d'œuf
- 80 g de sucre en poudre
- 24 g de fécule de maïs

Confit de cédrat

- 100 g de cédrat entier
- 60 g de sucre en poudre
- 2 cl de jus de citron
- 0,5 cl de vinaigre balsamique

Dorure

- 1 jaune d'œuf + 1/2 jaune d'œuf
- 3 g de sucre en poudre
- 1 g de sel
- 6 ml d'eau

Montage

- 20 g de poudre d'amandes

Sirop Earl Grey

- 20 g de sucre en poudre
- 2 cl d'eau
- 2 g thé Earl Grey

Matériel

- 1 moule à génoise de 22 cm de diamètre

Préparez la pâte. Travaillez les jaunes d'œufs et la cassonade dans un cul-de-poule à l'aide d'un fouet à main. Incorporez le beurre pommade et mélangez bien. Une fois le mélange bien lisse, ajoutez la levure, le zeste des citrons, la fleur de sel et enfin la farine. Laissez la pâte reposer 1 h.

Préparez la crème. Portez le lait à ébullition avec le thé Earl Grey dans une casserole. Ajoutez les jaunes d'œufs, l'œuf, le sucre et la fécule de maïs en fouettant, hors du feu. Remettez sur le feu et laissez bouillir 1 min en mélangeant.

Préparez le confit de cédrat. Coupez le cédrat en morceaux et blanchissez-les 3 fois. Égouttez-les. Dans une casserole, portez à ébullition le sucre, le jus de citron et le vinaigre. Baissez le feu, ajoutez le cédrat, couvrez et laissez frémir 15 min. Ôtez du feu, mixez et passez au chinois.

Mélangez tous les ingrédients de la dorure dans un bol. Préchauffez le four à 190 °C (th. 6-7).

Étalez la pâte sur une épaisseur de 3 mm sur le plan de travail fariné. Découpez 1 disque de 25 cm de diamètre et un autre de 22 cm de diamètre. Foncez le moule avec le plus grand disque, saupoudrez de 10 g de poudre d'amandes, puis étalez 60 g de confit de cédrat. Recouvrez de 150 g de crème pâtissière. Saupoudrez du reste de poudre d'amandes et recouvrez du second disque de pâte. Passez le rouleau à pâtisserie sur le gâteau pour le fermer et ôtez l'excédent de pâte. Dorez le gâteau 2 fois à l'aide d'un pinceau. Rainurez-le à la fourchette et piquez-le avec la pointe d'un couteau. Faites cuire 30 à 35 min à 190°C, puis baissez le four à 170°C (th. 5-6) et poursuivez la cuisson 15 min.

Préparez le sirop en mélangeant tous les ingrédients. Sortez le gâteau du four et badigeonnez-le de sirop. Servez froid.

HÉLÈNE DARROZE
Cheffe des restaurants Marsan et Jòia à Paris, et The Connaught à Londres

TARTE À LA RHUBARBE
ET À LA CRÈME D'AMANDES

POUR 6 PERSONNES
Préparation 35 min
Repos 3 h
Cuisson 45 min

500 g de rhubarbe

100 g de sucre en poudre

40 g de beurre, en petits dés

50 g de pistaches non grillées non salées (les pistaches fraîches sont difficiles à trouver)

Pâte à tarte

130 g de beurre à température ambiante

85 g de sucre glace

1 gousse de vanille fendue et grattée

1 œuf entier à température ambiante

200 g de farine T55 + 20 g pour le plan de travail

Crème d'amandes

100 g de sucre en poudre

100 g de poudre d'amandes

100 g de beurre pommade

2 œufs

40 g de farine

Préparez la pâte à tarte. Coupez le beurre en morceaux, travaillez-le en pommade dans un saladier. Ajoutez le sucre glace et les graines de vanille, puis mélangez bien le tout. Incorporez l'œuf, puis la farine en une seule fois. Mélangez sans trop travailler la pâte. Formez une boule, enveloppez-la dans du film alimentaire. Placez-la 3 h minimum au réfrigérateur.

Préparez la crème d'amandes. Versez le sucre dans la cuve d'un robot muni du fouet, ajoutez la poudre d'amandes et le beurre pommade. Mélangez. Ajoutez les œufs un à un, puis la farine, sans cesser de mélanger. Réservez.

Sortez la pâte à tarte du réfrigérateur 20 min avant de l'utiliser. Étalez-la au rouleau et formez un cercle d'environ 30 cm de diamètre sur le plan de travail légèrement fariné. Posez une feuille de papier sulfurisé dessus et saupoudrez-la de 50 g de sucre en poudre. Posez la pâte par-dessus.

Préchauffez le four à 250 °C (th. 8-9). Placez une plaque de cuisson dans le four. Pelez la rhubarbe et taillez-la en petits tronçons de 1 à 2 cm environ.

Étalez la crème d'amandes sur la pâte en laissant 2 cm de pâte sur les bords. Rangez les tronçons de rhubarbe sur la crème d'amandes et repliez le rebord de 2 cm sur la rhubarbe. Parsemez de dés de beurre restant et de 50 g de sucre.

Disposez le papier sulfurisé avec la tarte sur la plaque chaude. Enfournez 15 min, puis baissez la température à 180 °C (th. 6). Poursuivez la cuisson 15 min, puis ajoutez les pistaches et poursuivez la cuisson de nouveau pendant 15 min. Ôtez du four et laissez refroidir à température ambiante.

VIVIEN DURAND
Chef du restaurant Le Prince Noir à Lormont

GÂTEAU BASQUE
À LA FARINE DE MAÏS, CHOCOLAT ET CRÈME AUX AGRUMES CONFITS

POUR 6 PERSONNES
Préparation 45 min
Cuisson 30 min

Pâte à gâteau basque

40 g de grosse semoule de maïs

200 g de beurre

170 g de sucre semoule

1 œuf

1 jaune d'œuf

370 g de farine T 55

40 g de farine de maïs

8 g de levure chimique

Crème à gâteau basque

1 litre de lait

3 œufs

3 jaunes d'œufs

100 g de sucre semoule

80 g de poudre à crème

Garniture

50 g de marmelade d'agrumes

100 g de pistoles de chocolat ou de chocolat haché grossièrement

Dorure

1 jaune d'œuf

1/2 c. à café d'eau

Préparez la pâte à gâteau basque. Portez une casserole d'eau à ébullition, versez la semoule de maïs, et faites-la cuire pendant 15 min. Travaillez le beurre en pommade, ajoutez le sucre et mélangez. Ajoutez l'œuf et le jaune d'œuf, mélangez de nouveau. Incorporez la farine, la farine de maïs et la levure pour obtenir une pâte homogène. Filmez et laissez reposer une nuit au réfrigérateur.

Préparez la crème à gâteau basque. Faites chauffer le lait. Fouettez les œufs, les jaunes d'œufs et le sucre. Ajoutez la poudre à crème et mélangez. Versez le lait chaud dans cette préparation en mélangeant. Reversez dans la casserole. Portez à ébullition et faites cuire 2 min sans cesser de mélanger. Débarrassez, filmez au contact et réservez au réfrigérateur pendant 3 h minimum.

Abaissez la pâte sur une épaisseur de 4 mm. Coupez un disque de 25 cm de diamètre et un de 15 cm de diamètre. Foncez un moule de 15 cm de diamètre avec le grand disque, garnissez de crème pâtissière, recouvrez de marmelade, puis des pistoles de chocolat. Humectez légèrement le bord de la pâte avec un pinceau et soudez le second disque.

Dorez la pâte à l'aide d'un pinceau trempé dans le jaune dilué dans 1/2 c. à café d'eau et faites une croix avec une fourchette.

Préchauffez le four à 180 °C (th. 6). Faites cuire 30 min, puis laissez refroidir 1 h avant de servir.

VIVIEN DURAND
Chef du restaurant Le Prince Noir à Lormont

CRÈME BRÛLÉE
AU TOURON

POUR 6 PERSONNES
Préparation 15 min
Cuisson 30 min
Réfrigération 12 h

- 90 cl de crème liquide
- 120 g de touron mou Jijona
- 9 jaunes d'œufs
- 120 g de sucre semoule
- 15 cl de lait entier
- 90 g de cassonade

Mettez la crème et le touron dans une casserole et portez à ébullition en mélangeant pour faire fondre le touron. Filtrez et maintenez au chaud.

Préchauffez le four à 180 °C (th. 6).

Mélangez les jaunes d'œufs et le sucre, puis ajoutez le lait. Versez la crème au touron bouillante en mélangeant sans fouetter. Coulez dans 6 ramequins et placez-les au bain-marie environ 30 min dans le four. Vérifiez la cuisson avec la pointe d'un couteau qui doit ressortir nette. Ôtez du bain-marie, laissez tiédir, puis placez au réfrigérateur pendant 12 h.

Servez tel quel ou saupoudrez le dessus des crèmes de cassonade et brûlez au chalumeau.

MICHEL GUÉRARD
Chef et propriétaire du palace
Les Prés d'Eugénie à Eugénie-les-Bains

GÂTEAU BASQUE

POUR 6 PERSONNES
Préparation 45 min
Cuisson 30 min

Pâte à gâteau basque

- 260 g de beurre pommade
- 180 g de sucre semoule
- 2 zestes d'orange
- 2 zestes de citron
- 2 œufs
- 300 g de farine T45
- 6 g de fleur de sel
- 130 g de poudre d'amandes
- 35 g de polenta

Crème aux agrumes

- 1 orange non traitée
- 40 cl de lait entier
- 4 jaunes d'œufs
- 2 zestes de citron jaune
- 100 g de sucre semoule
- 50 g de farine T45
- 1 c. à café d'eau de fleur d'oranger

Dorure

- 1 œuf

La veille, préparez la pâte à gâteau basque. Travaillez le beurre mou avec le sucre. Mélangez les zestes d'agrumes et les œufs, puis la farine, la fleur de sel, la poudre d'amandes et la polenta. Travaillez tous les ingrédients de façon à obtenir une pâte homogène. Filmez-la et laissez-la une nuit au réfrigérateur.

Préparez la crème aux agrumes. Lavez l'orange et ôtez le pédoncule. Coupez-la en grosses tranches afin d'ôter les pépins. À l'aide d'un blender ou d'un mixeur très puissant, mixez l'orange et le lait. Dans une casserole, portez le mélange à ébullition. Pendant ce temps, blanchissez les jaunes d'œufs avec les zestes de citron, le sucre, la farine et l'eau de fleur d'oranger. Versez le lait bouillant sur cette préparation, puis poursuivez la cuisson jusqu'à ébullition, tout en fouettant pendant 3 min. Débarrassez dans une boîte hermétique et gardez au frais.

Le lendemain, montez le gâteau. Coupez la pâte en 2. Étalez chaque morceau sur 5 mm d'épaisseur. Beurrez un cercle à tarte de 20 cm de diamètre. Déposez-y le premier disque en le faisant dépasser du moule.

Garnissez avec la crème pâtissière aux agrumes. Répartissez-la bien jusqu'à 1 cm du bord. Recouvrez-la du second disque. Soudez les 2 disques avec les doigts et couper l'excédent de pâte.

Préchauffez le four à 180 °C (th. 6).

Passez sur la pâte la dorure d'œuf à l'aide d'un pinceau. Décorez la pâte en traçant des dessins avec les dents d'une fourchette. Enfournez pendant 30 min jusqu'à l'obtention d'une belle couleur dorée. Laissez le gâteau refroidir 1 h avant de le déguster.

MICHEL GUÉRARD
Chef et propriétaire du palace
Les Prés d'Eugénie à Eugénie-les-Bains

CONSOMMÉ DE CHOCOLAT
À LA CITRONNELLE

POUR 6 PERSONNES
Préparation 10 min
Cuisson 5 min
Réfrigération 12 h

- 300 g de fèves de cacao
- 75 g de sucre muscovado (sucre de canne non raffiné)
- 10 g de citronnelle fraîche hachée

La veille, concassez les fèves de cacao. Portez 1 litre d'eau et le sucre à ébullition dans une casserole. Hors du feu, ajoutez les fèves de cacao concassées. Couvrez la casserole d'un film et laissez infuser 15 min.

Passez l'infusion encore chaude dans une passoire, puis dans un filtre à café. Concassez la citronnelle et ajoutez-la à l'infusion. Gardez au frais une nuit. Ce consommé, très facile à réaliser, est particulièrement désaltérant l'été. Il accompagne parfaitement des desserts au chocolat.

Le lendemain, filtrez l'infusion. Servez-la dans de jolis verres.

VARIANTE

Ce consommé peut également être présenté en granité.
Versez l'infusion dans un plat et mettez-le au congélateur. Grattez-le avec une fourchette. Disposez le granité sur une glace au chocolat ou au café dans des tasses à café.

PATRICE IBARBOURE
Chef Pâtissier du restaurant Les Frères Ibarboure à Bidart

GÂTEAU BASQUE
À LA CRÈME

POUR 2 GÂTEAUX DE 6 À 8 PERSONNES
Préparation 45 min
Cuisson 30 min

Crème pâtissière
(poids total 520 g)

- 1 petit jaune d'œuf
- 1 œuf entier (moyen)
- 53 g de sucre semoule
- 30 g de poudre à flan (en vente au supermarché)
- 30 cl de lait entier
- 1/2 c. à café d'extrait de vanille liquide
- 30 g de beurre doux
- 25 g de poudre d'amandes
- 9 cl de rhum brun

Pâte à gâteau basque
(poids total 1 kg)

- 265 g de beurre doux
- 190 g de cassonade
- le zeste d'une orange râpée très finement
- le zeste d'un citron râpé très finement
- 20 g de poudre d'amandes
- 415 g de farine T55
- 6 g de levure chimique
- 7 g de sel fin
- 1/2 œuf entier
- 4 petits jaunes d'œufs
- 12 cl de rhum brun
- 1 c. à café d'extrait de vanille liquide

Montage

- 30 g de beurre noisette
- 50 g de sucre cristal

Dorure

- 3 petits jaunes d'œufs
- 12 cl de crème liquide

Préparez la crème pâtissière. Faites blanchir le jaune d'œuf, l'œuf entier et le sucre, puis ajoutez la poudre à flan. Faites bouillir le lait avec l'extrait de vanille, laissez infuser, puis passez au chinois et versez sur les œufs. Faites cuire jusqu'à ébullition, puis ajoutez le beurre, la poudre d'amandes et le rhum en fin de cuisson. Débarrassez dans un saladier, filmez au contact et conservez au réfrigérateur pendant 2 h environ.

Préparez le gâteau basque. Travaillez le beurre en pommade au batteur. Incorporez la cassonade, les zestes d'orange et de citron, la poudre d'amandes. Dans un saladier, mélangez la farine, la levure et le sel. Ajoutez petit à petit au mélange beurre-sucre en alternant avec l'œuf et les jaunes d'œufs. Versez le rhum et l'extrait de vanille. Mettez la pâte au réfrigérateur pendant 1 h. Frasez-la et mettez-la de nouveau au frais pendant 1 h.

Montez les gâteaux basques. Beurrez deux moules de 20 cm de diamètre et 2,5 cm de hauteur avec le beurre noisette, puis chemisez-les avec le sucre cristal. Étalez la pâte sur 4 mm d'épaisseur, découpez 2 abaisses de 24 cm de diamètre et 2 autres de 20 cm de diamètre. Foncez les moules avec les abaisses de 24 cm de diamètre, ajoutez 240 g de crème pâtissière à l'aide d'une poche à douille. Humectez légèrement le bord du gâteau à l'aide d'un pinceau, puis refermez les gâteaux avec les abaisses de 20 cm.

Préparez la dorure. Mélangez les jaunes d'œufs et la crème liquide et badigeonnez les gâteaux 3 fois en laissant sécher 30 min au réfrigérateur entre chaque dorure. Rayez à la fourchette.

Préchauffez le four à 180 °C (th. 6) et faites cuire les gâteaux 30 min. Laissez tiédir avant de démouler.

PATRICE IBARBOURE
Chef Pâtissier du restaurant Les Frères Ibarboure à Bidart

CHOU AU CHOCOLAT,
CAFÉ ET FRAMBOISES

Préparez la ganache montée au chocolat. Faites tremper la gélatine dans de l'eau froide. Dans une casserole, faites bouillir 10,5 cl de crème, puis ajoutez la feuille de gélatine essorée hors du feu. Versez sur le chocolat en 3 fois, puis ajoutez la crème restante et mélangez. Mettez au frais pendant 12 h.

Préparez la crème pâtissière au café. Portez le lait à ébullition. Faites infuser le café moulu dans le lait pendant 15 min, puis passez au chinois et ajoutez la crème. Faites blanchir les jaunes d'œufs avec le sucre. Ajoutez la fécule, puis mélangez. Portez le mélange lait au café et crème à ébullition, versez sur les jaunes, mélangez et remettez sur le feu. Portez à ébullition pendant 1 min en mélangeant, puis versez en 2 fois sur la pâte de cacao. Mélangez bien, puis réservez au frais pendant 2 h minimum.

• • •

POUR 6 PERSONNES
Préparation 2 h 30
Repos 12 h
Cuisson 50 min

Ganache montée au chocolat noir Pariès, pure origine Madagascar (poids total 280 g)

- 1,2 g de gélatine en feuille
- 10,5 cl + 10,5 cl de crème liquide à 35 % de matières grasses
- 60 g de chocolat noir Pariès

Crème pâtissière au café à la pâte de cacao pure origine Madagascar (poids total 400 g)

- 22 cl de lait
- 20 g de café moulu
- 4 cl de crème liquide à 35 % de matières grasses
- 2 petits jaunes d'œufs
- 30 g de sucre semoule
- 12 g de fécule de pommes de terre
- 70 g de pâte de cacao Pariès

Craquelin (poids total 150 g)

- 45 g de beurre doux pommade
- 55 g de cassonade
- 45 g de farine T55
- 5 g de cacao en poudre

Pâte à choux (poids total 295 g pour 6 gros choux et 6 petits choux)

- 5 cl de lait demi-écrémé
- 5 cl d'eau
- 45 g de beurre doux
- 1,5 g de sel fin
- 3 g de sucre semoule
- 55 g de farine T 55
- 90 g d'œufs battus

Confit de framboises

- 1 g de gélatine en feuille
- 27 g de sucre semoule
- 2,8 g de pectine
- 100 g de purée de framboises
- 5 cl d'eau
- 60 g de framboises fraîches
- 4 cl d'eau de vie de framboises
- 4 cl de jus de citron jaune

Praliné noisette-café (poids total 150 g)

- 75 g de noisettes entières brutes
- 15 g de café en grains
- 45 g de sucre semoule
- 1,5 cl d'eau
- 1 pincée de fleur de sel

Montage et finition

- 30 g de chocolat, pour râper
- 6 framboises fraîches

• • •

Préparez le craquelin. Mettez le beurre pommade dans le bol d'un robot, ajoutez la cassonade, puis la farine et le cacao en poudre et mélangez à l'aide de la feuille. Étalez au rouleau sur 2 mm d'épaisseur sur une feuille de papier sulfurisé. Détaillez 6 disques de 4,5 cm de diamètre et 6 disques de 2,5 cm de diamètre à l'aide d'emporte-pièces.

Préparez la pâte à choux. Faites bouillir le lait, l'eau, le beurre, le sel et le sucre dans une casserole. Hors du feu, ajoutez la farine, mélangez, puis remettez la casserole sur le feu et faites dessé-chez légèrement la pâte. Versez dans le bol d'un robot muni de la feuille, puis ajoutez les œufs battus progressivement.

Préchauffez le four à 160 °C (th. 5-6).

Sur une première plaque à pâtisserie recouverte de papier sulfurisé ou d'un revêtement antiadhésif, pochez 6 choux de 4,5 cm de diamètre à l'aide d'une poche munie d'une douille lisse de 8 mm. Sur une seconde plaque à pâtisserie recouverte de papier sulfurisé ou d'un revêtement antiadhésif, pochez 6 choux de 2,5 cm de diamètre à l'aide d'une poche munie d'une douille lisse de 6 mm. Posez les craquelins du diamètre correspondant sur chou. Faites cuire à four ventilé pendant 20 min. Ouvrez la porte pour évacuer l'humidité, puis poursuivez la cuisson 5 min pour les petits choux et 15 min pour les gros.

Préparez le confit de framboises. Faites tremper la gélatine dans de l'eau froide. Mélangez le sucre et la pectine. Faites chauffer la purée de framboises avec l'eau et les framboises fraîches. Lorsque la préparation atteint 50 °C, ajoutez le mélange sucre-pectine, puis portez à ébullition pendant 1 bonne minute. Ajoutez la gélatine essorée, puis l'eau de vie et le jus de citron hors du feu. Mélangez bien, puis débarrassez dans un récipient

et faites prendre au frais toute la nuit. Le lendemain, lissez la préparation à l'aide d'un mixeur plongeant. Réservez au réfrigérateur.

Préparez le praliné noisette-café. Torréfiez ensemble les noisettes et les grains de café au four à 160 °C (th. 5-6) pendant 10 min. Laissez refroidir, puis mixez jusqu'à l'obtention d'une texture proche de la cassonade. Faites fondre le sucre dans l'eau à 185 °C et versez sur le mélange noisette-café. Laissez refroidir, puis ajoutez la fleur de sel et mixez.

Sortez la ganache au chocolat du réfrigérateur et montez-la au robot.

Avec un couteau à dents, taillez le haut des gros choux. Déposez à l'aide d'une poche à douille 10 g de praliné au café dans le fond de chaque gros chou, puis remplissez à hauteur de crème pâtissière. Incisez le fond des petits choux, puis pochez-y le confit de framboises.

Insérez délicatement chaque petit chou dans chaque gros chou. Dressez la ganache montée autour de chaque petit chou à l'aide d'une poche munie d'une douille cannelée. À l'aide d'une cuillère légèrement chauffée, creusez la ganache pour y pocher le reste du confit de framboises. Râpez le chocolat au-dessus des choux avec un zesteur et posez une framboise coupée en 4 sur la ganache de chaque chou. Servez aussitôt.

CI-DESSUS
Veillant sur le petit port de à Saint-Jean-de-Luz, la maison de l'Infante, Marie-Thérèse, qui vint y épouser Louis XIV en 1660.

FABRICE IDIART
Chef du restaurant Le Moulin d'Alotz à Arcangues

GÂTEAU BASQUE
« CUL-DE-POULE »

POUR 6 PERSONNES
Préparation 1 h
Cuisson 10 min
Réfrigération 12 h

Siphon de crème à gâteau basque

- 25 cl de lait entier (de ferme, non pasteurisé)
- 1 gousse de vanille fendue et grattée
- 2 jaunes d'œufs
- 50 g de sucre en poudre
- 30 g de farine
- 1 pincée de fleur de sel
- 30 g de poudre d'amandes
- 8 cl de rhum ambré
- 20 cl de crème liquide

« Beurre »

- 100 g de beurre demi-sel à température ambiante
- 30 g de cassonade

« Farine »

- 50 g d'huile d'amande douce
- 75 g de maltodextrine
- 10 g de sucre glace

« Jaunes d'œufs »

- 1/2 l de crème glacée vanille Pariès
- 10 g de curcuma frais, pelé et râpé très finement
- le zeste d'un citron jaune non traité, ou 10 ml de rhum ambré

« Lait »

- 30 cl de lait entier
- 20 g de sucre en poudre
- 100 g d'amandes torréfiées

Montage et finition

- 75 g de sablé basque (ou d'Espelines concassées)

La veille, préparez le siphon de crème à gâteau basque. Faites chauffer le lait dans une casserole avec la gousse et les graines de vanille. Fouettez les jaunes d'œufs et le sucre, ajoutez la farine et la fleur de sel. Retirez la gousse de vanille et versez le lait chaud sur la préparation précédente en mélangeant. Versez dans la casserole, portez à ébullition pendant 1 à 2 min. Ajoutez la poudre d'amandes, le rhum et la crème. Mixez finement, versez dans un siphon et laissez refroidir 12 h. Le lendemain, ajoutez 2 cartouches de gaz.

Préparez le « beurre ». Fouettez énergétiquement le beurre, puis ajoutez la cassonade. Déposez-le sur une épaisseur de 1 à 2 cm entre 2 feuilles de papier sulfurisé. Placez au réfrigérateur et laissez prendre pendant 5 h. Taillez-le en cubes de 1 à 2 cm de côté et réservez au frais.

Préparez la « farine ». Faites chauffer l'huile d'amande douce dans une poêle, ajoutez la maltodextrine petit à petit et laissez l'huile se transformer en poudre sans cesser de mélanger. Laissez refroidir, puis mélangez avec le sucre glace. Débarrassez dans une boîte hermétique.

Préparez les « jaunes d'œufs ». Faites ramollir la crème glacée et travaillez-la avec le curcuma afin d'obtenir une couleur jaune d'œuf. Ajoutez le zeste de citron ou le rhum. Transférez dans des moules semi-sphériques de la taille d'un jaune d'œuf et placez au congélateur.

Préparez le « lait ». Faites tiédir le lait avec le sucre jusqu'à dissolution. Ajoutez les amandes et laissez infuser 15 min. Filtrez et réservez au frais.

Dans 6 bols ressemblant à des culs-de-poule, déposez des miettes de sablé. Couvrez de siphon de crème à gâteau basque et saupoudrez de « farine ». Ajoutez quelques cubes du « beurre », puis déposez les « jaunes d'œufs » préalablement démoulés. Dispersez quelques miettes de sablé. Servez le « lait » à part et versez-le sur le dessert. Mélangez le tout pour déguster.

FABRICE IDIART
Chef du restaurant Le Moulin d'Alotz à Arcangues

CRÈME AUX AVELLINES,
RAISINS À L'ARMAGNAC

L'avant-veille, préparez les raisins déshydratés, réhydratés. Nettoyez les grappes, puis faites-les sécher pendant une nuit au four à 90 °C (th. 3). Réhydratez-les ensuite dans le jus de raisin frais mélangé à l'Armagnac pendant 12 h minimum afin que les grains s'imbibent de la préparation.

La veille, préparez la crème aux Avellines. Dans une casserole, rassemblez tous les ingrédients et laissez cuire à frémissement pendant 30 min. Mixez finement, passez au chinois, puis réservez 12 h au réfrigérateur.

Préparez le siphon aux Avellines. Mélangez tous les ingrédients au fouet, versez dans un siphon, ajoutez 2 cartouches de gaz et réservez au réfrigérateur.

Préparez l'écume d'Avellines. Portez le lait à frémissement. Ajoutez les Avellines, couvrez et faites infuser le temps que la préparation refroidisse. Filtrez, puis émulsionnez à l'aide d'un mixeur plongeant afin d'obtenir une écume.

Déposez la crème aux Avellines restante au fond de 6 bols. Disposez dessus 5 ou 6 Avellines concassées. Recouvrez généreusement de siphon aux Avellines. Parsemez d'une pincée de fleur de sel et râpez un soupçon de cannelle. Servez les raisins réhydratés à part.

POUR 6 PERSONNES
Préparation 35 min
Cuisson 35 min environ
Déshydratation 12 h environ
Réfrigération 12 h

Raisins déshydratés, réhydratés

- 2 grappes de raisin rouge de qualité
- 50 cl de jus de raisin frais
- 25 cl d'Armagnac de qualité

Crème aux Avellines

- 250 g d'Avellines
- 50 cl de crème liquide
- 50 cl de lait entier
- 50 g de sucre en poudre
- 1 pincée de fleur de sel

Siphon aux Avellines

- 300 g de crème aux Avellines (réservez le reste de crème pour le dressage)
- 100 g de confiture de lait
- 600 g de crème épaisse

Écume d'Avellines

- 40 cl de lait entier
- 100 g d'Avellines

Finition

- 100 g d'avellines concassées
- Fleur de sel
- 1 bâton de cannelle

GUILLAUME ROGET & MAXIME BADEUIL
Chef et chef pâtissier du restaurant Ekaitza à Ciboure

GÂTEAU BASQUE
AU PRALINÉ NOISETTES

POUR 4-6 PERSONNES
Préparation 1 h
Cuisson 1 h 05 environ

Praliné noisettes

100 g de noisettes

60 g de sucre semoule

Pâte à gâteau basque

240 g de beurre à température ambiante

270 g de cassonade

1 œuf (55 g) à température ambiante

40 g de jaunes d'œufs (2 jaunes) à température ambiante

375 g de farine T55

4 g de levure chimique

2 g de sel fin

Crème à gâteau basque

25 cl de lait entier

50 g de jaunes d'œufs (2 gros jaunes)

50 g de sucre semoule

25 g de fécule de maïs

200 g de poudre d'amandes

200 g de sucre semoule

5 g de fécule de maïs

120 g d'œufs entiers (2 gros œufs environ)

40 g de rhum brun

200 g de beurre fondu

Montage

50 g d'éclats de noisettes torréfiées

Dorure

1 œuf battu

Préparez le praliné noisettes. Préchauffez le four à 170 °C (th. 5-6) en position statique. Faites torréfier les noisettes sur une plaque pendant 14 min. Laissez-les refroidir. Faites cuire le sucre à 135 °C. Hors du feu, ajoutez les noisettes. Mélangez avec une spatule. Remettez sur le feu et faites caraméliser les noisettes pendant 2 min. Étalez le mélange sur une plaque. Laissez tempérer, puis mixez au robot pour obtenir un mélange lisse et liquide. Réservez au réfrigérateur.

Préparez la pâte à gâteau basque. Coupez le beurre, mélangez-le à la cassonade. Ajoutez l'œuf, les jaunes d'œufs et mélangez. Incorporez la farine, la levure et le sel, puis versez dans le premier mélange jusqu'à obtenir un pâton homogène. Filmez et réservez au réfrigérateur.

Préparez la crème à gâteau basque. Commencez par réaliser une crème pâtissière. Portez le lait à ébullition. Faites blanchir les jaunes d'œufs et le sucre. Ajoutez la fécule de maïs et mélangez. Versez le lait bouillant sans cesser de mélanger, puis reversez la préparation dans la casserole et faites cuire sur feu doux en mélangeant jusqu'à ce que la crème épaississe. Poursuivez la cuisson 2 min sans cesser de mélanger. Débarrassez dans un récipient, filmez au contact et réservez au réfrigérateur.

• • •

• • •

Étalez les deux tiers de la pâte à gâteau basque sur une épaisseur de 4 mm. Foncez un moule à tarte ou à manqué en insistant bien dans les angles. Retirez le surplus de pâte. Placez le moule et le reste de pâte au réfrigérateur.

Terminez la crème à gâteau basque. Pesez 325 g de crème pâtissière et placez-la dans un cul-de-poule. Travaillez-la au fouet à main. Ajoutez la poudre d'amandes, le sucre semoule, la fécule de maïs, les œufs et le rhum en mélangeant bien entre chaque ajout. Incorporez enfin le beurre fondu petit à petit. Coulez la crème sur une épaisseur de 4 mm dans le fond de tarte. Étalez une couche homogène de praliné à l'aide d'une poche à douille ou d'une cuillère en laissant 2 cm de vide entre le praliné et le bord du gâteau. Parsemez d'éclats de noisettes torréfiées. Recouvrez de crème à gâteau basque en laissant 2 mm de marge par rapport au haut du moule. Humectez le tour à l'aide d'un pinceau.

Étalez le reste de pâte sur une épaisseur de 4 mm et déposez l'abaisse sur le montage en prenant garde de bien chasser l'air. Passez un rouleau à pâtisserie sur le gâteau pour sceller les deux pâtes et ôter le surplus de pâte. Terminez de retirer ce surplus avec un couteau si nécessaire.

Pour dorer le gâteau basque, badigeonnez-les d'un jaune d'œuf à l'aide d'un pinceau, puis faites des rainures avec une fourchette. Bloquez au froid pendant 20 min. Pendant ce temps, préchauffez le four à 180 °C (th. 6).

Faites cuire le gâteau pendant 35 min, jusqu'à ce qu'il soit bien doré. Poursuivez la cuisson quelques minutes si nécessaire. Retirez le cercle dès la sortie du four ou laissez tiédir un instant avant de démouler. Faites reposer sur une grille pendant 4-5 h pour préserver le croustillant. Dégustez.

GUILLAUME ROGET & MAXIME BADEUIL
Chef et chef pâtissier du restaurant Ekaitza à Ciboure

CRUMBLE AUX ÉCLATS DE MOUCHOU,

COMPOTE DE POMMES ET GLACE VANILLE

POUR 6 PERSONNES
Préparation 30 min
Cuisson 30-35 min

Crumble

120 g de beurre

120 g de cassonade

100 g la poudre d'amandes

90 g de farine de sarrasin

5 g de fleur de sel

Compote de pommes

10 pommes Granny Smith

2 citrons verts

Pour servir

12 Mouchou

500 g de fromage blanc

1 pot de glace vanille Pariès

Préparez le crumble. Coupez le beurre en morceaux, mettez-le dans un cul-de-poule, puis laissez-le tempérer. Ajoutez la cassonade et mélangez. Incorporez la poudre d'amandes, puis la farine de sarrasin et la fleur de sel pour obtenir un mélange homogène. Émiettez le crumble en petits morceaux sur une plaque recouverte de papier sulfurisé. Laissez séchez 1 h à température ambiante afin d'obtenir un crumble bien sec et croustillant après cuisson.

Préchauffez le four à 180 °C (th. 6) et faites cuire le crumble 13 min. Laissez tempérer.

Pelez 8 Granny Smith, ôtez le cœur. Coupez-les en morceaux. Pressez 2 citrons verts et récupérez le jus. Mettez deux tiers du jus de citron vert, puis les pommes dans une casserole et faites cuire sur feu doux pendant 20 min environ en mélangeant de temps en temps. Les pommes ne doivent pas colorer. Mixez pour obtenir une compote bien lisse. Réservez au réfrigérateur.

Pelez les 2 Granny Smith restantes, ôtez le cœur. Détaillez-les le plus finement possible en dés de 1 mm de côté. Ajoutez le jus de citron vert restant pour éviter qu'elles ne s'oxydent. Mélangez à la compote de pommes refroidie.

Coupez les Mouchou en 6. Préparez 6 bols individuels. Dans chaque bol, déposez 3 bonnes cuillerées à soupe de fromage blanc, puis 4 bonnes cuillerées de compote. Recouvrez de crumble émietté et parsemez de morceaux de Mouchou. Terminez par une boule de glace. Servez aussitôt.

VARIANTE

Le mélange crumble et Mouchou permet de créer un jeu de textures entre croustillant et mœlleux. C'est un dessert peu sucré, léger et frais. Vous pouvez remplacer la compote de pommes par tout autre fruit en compote ou frais.

La Maison Pariès

souhaite remercier chaleureusement les chefs qui ont participé à cet ouvrage : Hélène Darroze, Vivien Durand, Michel Guérard, Patrice Ibarboure, Fabrice Idiart, Guillaume Roget et Maxime Badeuil.

Ses remerciements vont aussi à ses collaborateurs qui ont participé à l'élaboration de cet ouvrage : Silvia, Sara, Émilie, Didier, Tristan, Arthur et Yves.

L'éditeur

adresse un merci spécial à la famille Cazaux à Biarritz pour son accueil chaleureux et le prêt de ses sublimes céramiques.

Ses remerciements vont aussi à Nicolas Etcheto ainsi qu'aux enfants qui ont prêté leur image à cet ouvrage : Rose, Diego, Louise, Jane et Tiago.

La photographe et la styliste

Un grand merci aux Éditions de La Martinière et en particulier à Virginie Mahieux pour sa juste exigence et sa confiance renouvelée ; à la Maison Pariès et en particulier à Céline Pariès pour son enthousiasme ; à Natacha Arnoult pour son énergie à faire que ce soit beau, toujours dans le respect du fil rouge de notre mood board ; à la Maison Cazaux pour sa générosité ; à Nicolas Etcheto pour avoir prêté son image ainsi qu'à Antoine et Gwen ; aux très sympathiques enfants skaters, Jane et Tiago ; et à Audrey Amaia, talentueuse céramiste à Biarritz pour sa générosité spontanée. – **Delphine Constantini**

Un grand merci à Céline Pariès pour sa confiance généreuse, sa disponibilité et sa douce énergie ; à Delphine Constantini pour son talent photographique et son désir d'aller toujours de l'avant. Un grand merci à Virginie Mahieux pour son soutien infaillible dans la réalisation de cet ouvrage et son exigence bienveillante. Merci aussi à toute l'équipe du laboratoire Pariès à Socoa, pour son accueil et son aide. Un merci spécial à la famille Cazaux pour son accueil généreux et le prêt de ses sublimes céramiques. – **Natacha Arnoult**

Édition : Virginie Mahieux et Pauline Dubuisson

Conception graphique et réalisation : Élisabeth Welter

Texte : Marie-Catherine de La Roche

Photographies : Delphine Constantini

Stylisme et rédaction des recettes : Natacha Arnoult

Relecture : Claire Lemoine et Carole Daprey

Partenariats éditoriaux : Corinne Schmidt et Gislaine Yvinec

Connectez-vous sur www.editionsdelamartiniere.fr

Achevé d'imprimer au Portugal
Dépôt légal : octobre 2022
ISBN : 979-10-401-1052-1